George Payne Rainsford James, Wilhelm Eduard Drugulin

Der Kavalier - Roman

George Payne Rainsford James, Wilhelm Eduard Drugulin

Der Kavalier - Roman

ISBN/EAN: 9783741158902

Hergestellt in Europa, USA, Kanada, Australien, Japan

Cover: Foto ©Andreas Hilbeck / pixelio.de

Manufactured and distributed by brebook publishing software
(www.brebook.com)

George Payne Rainsford James, Wilhelm Eduard Drugulin

Der Kavalier - Roman

Der Cavalier.

Roman

von

G. P. R. James.

Fortsetzung von „Lord Montagu's Page".

Deutsch

von

W. E. Drugulin.

Erster Band.

Leipzig, 1860.
Verlag von Christian Ernst Kollmann.

Erstes Kapitel.

Eine der merkwürdigsten Historien, die man schreiben könnte, würde die der Veränderungen des Geschmacks sein. Perrücken, Puder, Zöpfe, Reifröcke, Stehkragen, Schönpflästerchen und gescheckte Strümpfe haben sämmtlich ihre Verehrer gehabt, sind sämmtlich für die modische und geschmackvolle Kleidung unerläßlich erachtet und dann nach wenigen kurzen Jahren von der nachfolgenden Generation als die abscheulichsten Undinge verdammt worden. Aber kein Mensch hat Erfahrung genug gehabt, um eine solche Geschichte zusammenzutragen. Das halbe Dutzend von Modeveränderungen, welches er vielleicht während seiner Lebenszeit gesehen hat, könnte nur wenig Licht über den Gegenstand verbreiten. Und obgleich ich schwache Erinnerungen an den Puder, eine unbestimmte Idee von den Zöpfen und eine deutliche Kenntniß von Damen in engen Kleidern besitze, die ihnen das Aussehen ertheilten, als ob sie in Aalhäute eingenäht wären, so glaube ich doch nicht Erfahrung genug zu besitzen, um den Gegenstand wissenschaftlich abzuhandeln. Wenn man nur sicher sein könnte, daß man tausend Jahre lebte, wie Manche in alten Zeiten, so könnte man sich solchen obstrusen Studien hingeben. Für jetzt muß ich mich aber auf eine von den Umwandlungen im Geschmack der romanlesenden Menschheit beschränken, die sich im Bereich meines eigenen Wissens zugetragen hat und den Geschichtenfabrikanten einigermaßen in Verlegenheit setzt.

Ich erinnere mich noch recht gut der Zeit, wo lange, ausführliche Beschreibungen von Landschaften, Costümen, Rüstungen, persönlichem Aeußern — ja selbst Charaktereigenthümlichkeiten — für den Leser höchst schmackhaft waren. Die köstlichen Gemälde, welche die Gedichte und Romane Sir Walter Scott's darboten, waren das Entzücken intelligenter Geister. Die Menschen hatten beim Lesen derselben ein Gefühl, als ob sie das herrliche Kunstwerk eines Claude Lorrain oder Poussin betrachteten; aber wir haben das Alles verändert. Wir hören von den Lippen jedes kleinen Kritikers unbedingte Verurtheilungen aller langen und langweiligen Beschreibungen, und es ist jede Art von Reizmitteln, von Blut und Donner an, bis zu philosophischer Freidenkerei erforderlich, um den

Geschmack des Publicums anzuregen. Wenn in einem Kapitel fünfzigtausend Kehlen abgeschnitten und fünf- bis sechstausend junge Damen von einem Schurken verführt werden, und dazu eine anständige Beimischung von Spiel, Schwindelei, Trinken und Lügen kommt, so bildet dies die beste Sauce für jede Geschichte, die man erzählen kann; und wenn auch hier und da ein Werk erscheint, das, gleich dem großen „Roman" des Sir Edward Lytton, durch die ihm innewohnende Kraft Beachtung erregt, so können doch nur wenige Bücher geschrieben werden, worin nicht der Cayenne-pfeffer in der einen oder anderen Form alle übrigen Gewürze überwiegt.

Nun, lieber Leser, dies ist eine lange, mühselige, aber nicht unnöthige Entschuldigung dafür, daß das nachfolgende Werk mit einer Beschreibung angefangen wird. Die Beschreibung muß jedoch gegeben werden, denn es ist einem Jeden unmöglich, sich eine genaue Idee davon zu machen, wie irgend eine Begebenheit vor sich geht, wenn er nicht eine gewisse Kenntniß von dem Orte besitzt, wo sie stattgefunden hat. Was, zum Beispiel, auf der Ebene von Salisbury geschehen sein könnte, würde nicht auf der Spitze einer der ägyptischen Pyramiden haben vorgehen können, und deshalb sehe ich mich genöthigt, ein Bild von dem Schauplatze zu geben, auf welchem viele von den wichtigsten Ereignissen, die hier erzählt werden sollen, stattgefunden haben.

Etwa fünfundzwanzig Meilen von Paris entfernt, was zu der Zeit, von welcher ich schreibe, eine weite Strecke war, jetzt aber zu einer bloßen Spanne abgekürzt worden ist, stand ein altes französisches Schloß.

Es steht noch gegenwärtig dort, denn ich bin darin gewesen und habe mit sonderbaren Empfindungen viele, wenn auch nicht alle, von seinen Winkeln und Ecken besucht — Stellen, wo Personen, die mir nicht fremd waren, gelebt und genossen, geduldet oder ihren Tod gefunden haben. Es würde absolut lächerlich sein, wenn man ein französisches Schloß aus irgend einer Periode nach der Regierung Franz I. ein Gebäude von irgend einem Baustyl nennen wollte, der Pfefferbüchsenstyl würde ein ebenso passender Name sein, wie irgend ein anderer, und hätte sicherlich auf das fragliche Gebäude angewendet werden können, welches hauptsächlich aus zahlreichen kleinen Thürmen bestand, die ohne große Regelmäßigkeit hier und da verstreut, und durch flache, gerade Gebäudestrecken, die von älterem Datum zu sein schienen, als die Thürmchen selbst, verbunden waren. Man kann in der Schweiz, wo der starke Schneefall einigen Grund für die schiefergedeckten, narrenkappenartigen Dächer gewährt, welche auf den verschiedenen Thürmchen sitzen, noch eine ziemliche Menge ähnlicher alter Gebäude sehen. Das Material ist ein grauer Stein, die Fenster sind schmal und klein, die Zimmer geräumig und zum größten Theil mit einem Fußboden von gewichsten, angestrichenen und polirten Ziegeln versehen. Im unteren Stockwerke befanden sich fünfzehn Gemächer von verschiedener Gestalt und Größe, von dem länglichrunden Speisesaale an mit seinem ungeheuren Kamin, bis zu dem kleinen Cabinet, welches reich mit Arabesken und Blumenmalereien nach der Mode des vergangenen Jahrhunderts ornamentirt war. Das Aeußere des Hauses hatte ein ziemlich düsteres Aussehen, aber es drang genug Licht und Sonnenschein selbst durch diese schmalen Fenster, um die Zimmer im Innern heiter, trocken und gesund erscheinen zu lassen. Die Sonnenstäubchen tanzten in den schiefeinfallenden Strahlen, und mit jeder Stunde zeichneten sich durch die rautenförmigen Scheiben der bleigefaßten Fenster neue Muster auf dem Fußboden ab. Um das Haus streckte sich ein sogenannter Park hin — allerdings etwas ganz Anderes, als ein englischer Park, wo die Natur nur sehr wenig Beistand von der Kunst erhält, sondern ein Garten, der aus langen Alleen bestand, die durch Ulmenwände von einander getrennt und während der Frühlings- und Sommermonate mit allen Arten von Singvögeln angefüllt waren.

Viele von den geflügelten Wanderern aus anderen Ländern, die Schnepfe, die Waldtaube, die Turteltaube, der Pirol fanden unter diesen Schatten eine Zuflucht. Aber von dem Augenblicke an, wo zu Anfang des Februar die Drossel sich auf die kahlen

Wipfel setzte, und mit ihrem lieblichen Gesange das Herannahen wärmerer Tage verkündete, bis zu dem, wo das Rothkehlchen das Jahr mit seinem Lied im Schnee beschloß, waren jene langen Alleen und dunklen Gebüsche von Musik erfüllt, die die melodische Natur selbst fabricirte. Das Haus war kein sehr bequemes, außer in gewissen Theilen, wo einige architectonische Geschicklichkeit bewiesen worden war — zum Beispiel da, wo die großartige Haupttreppe sich in zwei großen Massen hinaufzog, welche in breiten Absätzen auf der Höhe endigten, und eine Kühnheit des Planes und Geschicklichkeit der Ausführung bewiesen, wie man sie in modernen Landhäusern selten antrifft. Die übrigen Theile des Gebäudes waren seltsam zusammenhangslos und unregelmäßig, und es kam mitunter vor, daß, wenn zwei Zimmer geradezu an einander stießen, doch ein Umweg durch beinahe das ganze Haus erforderlich war, um von einem in das andere zu gelangen.

Der Hausrath des Gebäudes verrieth nicht nur behagliche Umstände und Wohlhabenheit, sondern auch Geschmack und feine Bildung. In jedem Zimmer waren wenigstens zwei bis drei Gemälde, meistentheils Landschaften, obgleich man auch einige sehr schöne Figurenstücke von italienischen Künstlern sah, und hier und da erblickte man eine kleine Etagère mit Regalen, auf denen merkwürdige Kunstgegenstände oder Reliquien aus alten Zeiten standen oder lagen. Im zweiten

Stock jedoch befand sich eine lange mit Bildern und Büsten angefüllte Galerie und neben derselben eine kleine Bibliothek. Jenseits dieser war ein großes Zimmer, das Etwas von dem Aussehen einer Kapelle an sich trug, und weiterhin noch mehrere andere Gemächer und Treppen, die auf- und abgingen, der Himmel weiß, wohin, denn die Winkel und Gänge des Hauses waren zahllos.

Dies war der Schauplatz, wo sich viele von den jetzt zu erzählenden Ereignissen zutrugen; und es bleibt über diesen Theil meines Gegenstandes weiter Nichts zu sagen übrig, als daß ich mich absichtlich enthalten habe, der Beschreibung eines Gebäudes, welches wirklich nur ein altes französisches Schloß aus dem 17. Jahrhundert, groß, geräumig und unbequem, aber in seiner Art eigenthümlich und für das Zeitalter charakteristisch war, eine romantische Färbung zu geben.

Zweites Kapitel.

In dem Parke, von welchem ich im vorigen Kapitel gesprochen habe, und am Abend eines Sommertages im Jahre 164 — gingen eine Dame und ein Herr in den besten Jahren langsam auf und ab, und unterhielten sich ernst, aber nicht eifrig, während der Mann von Zeit zu Zeit einen Augenblick stehen blieb und mit der Spitze seiner Degenscheide Etwas im Sande zeichnete, was der Plan einer Stadt oder eines Schlachtfeldes zu sein schien. Man hat nur selten zwei hübschere Menschen gesehen, und die Zeit hat ihre Hand leicht auf Beider Häupter gelegt, wiewohl ein hier und da sichtbares graues Haar bewies, daß das Verstreichen der Tage nicht ohne seine Wirkung geblieben war. Das Gesicht der Dame war schön und rosig, und keine Linie oder Runzel zeigte die Einwirkung des Alters. Aber das ihres Begleiters erzählte

Geschichten von Kampf und Wettersturm. Auf seiner rechten Wange sah man eine tiefe Narbe und über seiner linken Augenbraue eine Einkerbung, die mit einem schwarzen Pflaster bedeckt war, als ob die Wunde, die dieselbe verursacht hatte, kaum erst geheilt sei. Er war jedoch rüstig und kräftig, wenn auch von etwas magerer Gestalt, und sein Gesicht besaß mehr von dem Ausdruck der Freude, als der Heiterkeit; denn wenn sich auch sein Auge erhellte, so oft er auf das schöne Gesicht seiner geliebten Gattin hinabblickte, so zog doch von Zeit zu Zeit eine Miene ernsten, trüben Nachdenkens, wie die Schatten einer dunklen Wolke, darüber hin, und entfernte sich erst, wenn die wohllautenden Töne ihrer lieblichen Stimme in sein Ohr schallten.

„Gott sei Dank, Edward,“ sagte sie, „Gott sei Dank, daß Du wieder wohlbehalten bei Deiner Frau und Deinen Kindern bist, wenn Du auch viel zu betrauern hast — Du weißt, Geliebter, daß ich Dich um alles Glück, welches eine Welt geben könnte, doch nicht von Deiner Pflicht gegen Deinen König und Dein Vaterland zurückgehalten haben würde. Aber diese Pflicht ist gut und edel erfüllt worden, und obgleich es Gott gefallen hat, Deine Anstrengungen zu vereiteln, Deine Hoffnungen zu täuschen und selbst Dein Vermögen zu schmälern, so hat Dich doch der Himmel mir wohlbehalten zurückgegeben, und wir wollen ihm daher unsern Dank für das darbringen, was er gewährt hat, und nicht murren, weil uns Etwas versagt geblieben ist."

„Das verhüte Gott, meine Lucette," sagte Sir Edward Langdale. „Verzeihe mir aber, wenn ich einigermaßen ernst bin! Ich fühle die ganze Freude meiner Rückkehr; wenn ich jedoch an die Lage meines Vaterlandes und meines Königs denke, so muß ich bittern Kummer wegen der Vergangenheit und trübe Ahnungen für die Zukunft empfinden. — Welch' ein seltsames Ding doch das Schicksal ist! Buckley ist hier und mit ihm Alles, was das beste Glück, das mir zustoßen konnte, mir in England gegeben hatte. Hier jedoch ist durch einen seltsamen Zufall mehr gegeben, als hinweggenommen worden, und ich habe mit dem neuen Lande ein besseres Schicksal gefunden."

Die Worte schienen, obgleich sie hoffnungsvoll waren, sowohl den Sprechenden, wie Diejenige, an die er sie richtete, in Gedanken zu versenken, und sie schritten dem alten Schlosse, welches ich beschrieben habe, zu, ohne in den ersten Momenten ein Wort zu sprechen. Endlich sagte aber die Dame nachdenklich:

„Sie werden doch gewiß nicht den König tödten?"

Ihr Gatte schüttelte den Kopf.

„Ich vermag es nicht zu sagen, meine Lucette," sagte er. „Aber sie haben ihn völlig in ihrer Gewalt und sie haben so Viele von den Besten und Vornehmsten des Landes erschlagen, daß Niemand bestimmen kann, ob sie ihre Frevelhaftigkeit nicht noch einen Schritt weiter treiben. Als ich in England war, glaubte man es nicht, und das Volk im Allgemeinen schien allerdings selbst den Gedanken daran mit Abscheu zu betrachten. Aber es giebt unter ihnen böse, freche Männer, die vielleicht sogar wünschen, die Uebrigen über alle Umkehr hinaus zu compromittiren. Sie thun selbst jetzt noch, als ob sie mit dem König unterhandeln, und ich kann in ihrem Verfahren Nichts entdecken, was Aufrichtigkeit verkündete. Die Monarchie ist hin, so viel ist mir klar, und das Leben Sr. Majestät steht in der Gewalt von Hochverräthern. Ich habe nur sehr wenig Hoffnung, Lucette."

Während sie in dieser Weise gesprochen hatten, waren sie dem Schlosse nahe genug gekommen, um durch die offenen Fenster Jemand mit sehr süßer Stimme und dem Anschein nach mit großer Kenntniß der Musik, wie man diese Wissenschaft in jenen Tagen verstand, singen zu hören, und Beide blieben stehen, um zu lauschen.

„Das ist doch sicherlich nicht Lucy's Stimme?" sagte der Herr. „Wenn sie das wäre, so müßte sie seit meiner letzten Anwesenheit um mehrere Töne herabgegangen sein."

„Ich glaube, daß es eine Männerstimme ist," antwortete Lucette. „Es ist sicherlich nicht Lucy. Sie kann nicht so gut singen."

Und sie beschleunigten ihren Schritt und traten in das Schloß. Sie gingen gerade aus, am Fuße der Haupttreppe vorüber und traten in ein Zimmer zur Rechten, aus dem die Töne zu kommen schienen. Es wurde augenscheinlich als Musikzimmer benutzt, denn es lagen verschiedene Musikinstrumente darin umher verstreut, und mehrere von den merkwürdigen alten Notenbüchern jener Tage lagen auf Tischen und selbst auf Stühlen. In der Nähe des offenen Fensters saß ein junger Mann von etwa dreiundzwanzig Jahren, der mit ausnehmender Einfachheit, aber mit sehr großem Geschmack gekleidet war. Seine Tracht war von der schönen Form und Anordnung, die wir so häufig von dem Pinsel van Dyk's dargestellt sehen. Der Hemdkragen war allerdings von einfacher Leinwand, wie auch die zurückgeschlagenen Manschetten, aber sie waren in der schönsten Form geschnitten, und jede Linie der Gewänder, die er trug, schien mit einer ungezwungenen Anmuth in eine andere zu verschmelzen, die gewissermaßen die Poesie des Costüms bilden. Das Tuch des Rockes war nicht fein und ebenso wenig, wie es in jener Zeit zuweilen vorkam, von greller Farbe, aber jede Nuançe desselben war so verschmolzen, daß, um eine Redeweise zu gebrauchen, die manche Menschen für einen Widerspruch halten könnten, durch den Gegensatz Harmonie erzielt wurde.

Eine von den wunderbarsten Erscheinungen unter

den wunderbaren Anomalien unserer anomalen Welt tritt an den Tag, wenn wir ein Bild von van Dyk nehmen, es neben das eines der Herren mit den Pferdehaarperrücken aus der Zeit Anna's oder Georg I. stellen, und die beiden mit einander, und die zwei mit einem lebenden menschlichen Wesen der Jetztzeit vergleichen. Wie der Geist des Menschen sich je auf eine solche Weise hat herabwürdigen können, und von den bewundernswürdigen Gestalten, die der Pinsel van Dyk's und Anderer, die ihm vorhergegangen sind, dargestellt hat, zu der Steifheit des Herzogs von Marleborough oder des Herzogs von Cumberland hinabzusteigen, ist auf den ersten Anblick vollkommen unerklärlich. Wenn aber meine Theorie richtig ist und das Costüm hauptsächlich den Charakter des Zeitalters anzeigt, so läßt sich die Verwandlung leicht erklären. Die Franzosen schienen dies fortwährend gefühlt, es aber nicht definirt zu haben. Wir haben sogar gewissen Halskragen, die zu der Zeit der ersten französischen Revolution gebräuchlich waren, einen Namen ertheilt und sie Colliers à la Guillotine genannt, weil sie es ungemein erleichterten, einem Manne den Kopf abzuhauen, ohne daß man sich die Mühe zu nehmen brauchte, sie aufzuknüpfen.

Der junge Mann, von dem wir jetzt sprechen, war in die vollständige Tracht eines Cavaliers der damaligen Zeit gekleidet, aber in ungemein einfacher Art

— selbst die Liebeslocken mangelten nicht, sondern hingen in prächtiger Fülle auf seine Schultern herab, während das kurze Haar auf seiner Stirn durch seine natürlichen Wellen bewies, daß keine Kunst angewendet worden war, um die Locken an der Seite hervorzubringen.

Auf seinem Knie lag eine venetianische Mandoline, mit welcher er seinen Gesang begleitet hatte, und seine Hand schweifte noch über die Saiten hin, als der Herr und die Herrin des Hauses eintraten.

Sobald er sie erblickte, erhob er seine schlanke und beinahe schwächliche Gestalt, nahm seinen Hut vom Boden auf, trat mit einem leisen Anstrich von Schüchternheit vor, und sagte mit leiser, angenehmer Stimme in englischer Sprache:

„Ich vermuthe, daß ich die Ehre habe, Sir Edward Langdale zu sehen.“

„Das ist mein Name, Sir,“ sagte Jener. „Darf ich fragen, wen ich das Vergnügen habe, in meinem Hause zu bewillkommnen — bitte, setzt Euch.“

„Dies wird Alles erklären, Sir,“ sagte der junge Fremdling, indem er einen Brief hervorzog und ihm denselben übergab.

Sir Edward Langdale nahm ihn mit höflicher, aber etwas kalter Miene, und setzte sich, indem er abermals den Fremden auf einen Stuhl winkte. Es war augenscheinlich, daß das Aeußere seines Gastes ihm nicht besonders großen Respect einflößte. Seine Natur war seit seiner Jugend sehr gesänftigt worden. Er hatte Sanftmüthigkeit erworben, die zarteren Theile seiner Natur hatten Platz und Pflege gefunden, seine Lucette war für ihn Alles und mehr als Alles, was er erwartet hatte, gewesen, und die blühenden Knaben und Mädchen, die um ihn aufgewachsen waren, hatten die süßesten, heiligsten, schönsten Sympathieen der menschlichen Natur erweckt und entwickelt. Trotzdem war aber Edward Langdale wenigstens in seinem Wesen nicht weich. Es ist eine merkwürdige Thatsache, daß diejenigen, die wirklich am zartsinnigsten sind, zuweilen am härtesten erscheinen können. Er konnte mit einem Kinde scherzen, als ob er selbst ein Kind wäre; keine wahre Leidensgeschichte schlug vergeblich an sein Ohr. Aber die schnelle, scharfe Antwort, die strenge Frage, die schnelle Entscheidung und die entschlossene, nachdrucksvolle Handlungsweise gewährten keine Prophezeiung der sanfteren und gütigeren Behandlung, die ein derselben würdiger Gegenstand sicher erwarten konnte. Es ist ferner eine merkwürdige Thatsache, daß in sehr vielen Fällen die Gemüthsart — ich darf es nicht Natur nennen — häufiger in ihren Grundlagen durch äußere Einflüsse umgebildet wird, besonders in der Jugend, als das bloße äußere Benehmen. Das Wasser höhlt den Stein aus, welches auf dem Sande kaum eine Spur hinterläßt, und ich bin geneigt, noch etwas weiter zu gehen, als das alte Sprichwort, daß die Gewohnheit die zweite Natur sei, und zu glauben, daß diese zweite Natur von härterem und festerem Material ist, als die erste.

Wie dem aber auch sein mochte, bestand das Einzige, was von Sir Edward Langdale's Wesen gesagt werden konnte, darin, daß es kalthöflich war. Es war keine Majestät, keine affectirte Würde, aber auch keine Wärme — Nichts von dem, was die Franzosen Effusion nennen. Der junge Fremde schien jedoch nicht im Geringsten eingeschüchtert zu sein. Er schien Nichts weiter zu erwarten, sondern setzte sich mit einer anmuthigen Neigung des Kopfes gegen Lady Langdale, die eben das Zimmer verließ, nieder, und wartete in einer ruhigen, ungezwungenen Haltung, bis ihr Gemahl den ihm überbrachten Brief gelesen haben würde.

Was in dem Briefe stand, wird sich sogleich zeigen. Aber sein unmittelbarer Eindruck auf Sir Edward war seltsam. Der Cavalier erhob sich von seinem Stuhle, heftete seine Augen nicht streng, sondern mehr nachdenklich auf den Boden, und schritt zwei bis drei Mal, ohne ein Wort zu sagen, im Zimmer auf und ab. Dann blieb er plötzlich mit einer Art von Zusammenschrecken vor dem jungen Fremden stehen, reichte ihm seine Hand und sagte:

„Entschuldigt mich, Sir. Ich bin erfreut, Euch

zu sehen, wenn ich auch etwas unhöflich erschienen sein mag. In diesem Briefe werden mir jedoch Dinge vorgeschlagen, an die ich noch nie gedacht habe, die aber unter den Umständen, worin Ihr Euch befindet, nicht abgeschlagen werden dürfen. Dies ist ein sehr stilles Haus, Sir, ein Haus voll Familienruhe und Liebe, in welches wir mit gutem Vorbedacht die große Welt sich nur selten haben eindrängen lassen. Meine Frau, die hochgebildet ist und welche die Aufgabe glücklich macht, kann meiner Tochter eine solche Erziehung gewähren, wie sie kein Mädchen von einer Anderen, als ihrer Mutter, zu erlangen vermag. Von meinen Söhnen ist der eine für jeden Unterricht, außer dem anfänglichsten, zu jung; der andere erhält seine Erziehung theilweise von mir, theilweise von dem alten Manne, welcher in dem kleinen Hause wohnt, das Ihr vom Fenster aus sehen könnt. Seine militairischen Uebungen sind in der letzten Zeit, wie ich leider sagen muß, durch meine Abwesenheit von Frankreich in der unglücklichen Sache eines geliebten Monarchen sehr unterbrochen worden. So jung er auch ist, würde ich ihn doch mitgenommen haben, aber ich habe nicht das Recht, eine Gattin, die jeden Tag ihren Gatten verlieren konnte, einer Stütze zu berauben, die ihr am nöthigsten hätte sein können."

„Es hat ebenso junge, ebenso geliebte, ebenso werthvolle Knaben gegeben," sagte der junge Fremde mit ernstem, aber sanftem Tone, „die auf denselben Schlachtfeldern gekämpft haben, wo Ihr gefochten habt, Sir Edward, und die die gleichen Unfälle getheilt haben, welche Ihr erlitten habt. Ich weiß jedoch,“ fuhr er hastig fort, als er sah, daß eine leichte Röthe auf Sir Edward Langdale's Wange trat und seine Lippe zuckte, als ob er antworten wolle, „ich weiß jedoch, wenigstens ist es mir erzählt worden, daß Ihr Euch in einer eigenthümlichen Lage befindet, daß Eure Gemahlin eine Französin ist, daß Ihre Güter größtentheils von dem männlichen Erben abhängen und daß die Hingebung Eures eigenen Lebens und Eurer Dienste für seine Sache das Höchste war, was Euer Monarch wünschen, ja vielleicht mehr, als er erwarten konnte.“

Edward Langdale betrachtete ihn mit nachdenklichem und beinahe forschendem Blicke, vom Kopfe bis zu den Füßen.

„Ihr scheint mit diesen Dingen gut bekannt zu sein,“ sagte er, „und aus dem Inhalt des Briefes, welchen Ihr mir gebracht habt, geht es mit Wahrscheinlichkeit hervor, daß Einige Eurer Freunde, wo nicht Ihr selbst, Sr. Majestät gedient haben.“

„Sowohl meine Freunde, wie meine Verwandten haben sich bemüht, ihm zu dienen,“ antwortete der junge Mann. „Wir Alle wissen aber, daß sie nur geringen Erfolg gehabt haben. In der That finden Diejenigen, welche sich nach ihrer eigenen Weise auf das Stärkste anstrengen, gemeiniglich den geringsten Erfolg, außer wenn sie sich überzeugen lassen, daß ein Mann, der zwei Meilen weit sehen kann, einen weit besseren Blick besitzt, als ein Anderer, der nur eine Meile weit sehen kann.

„Wenn ich Euch recht verstehe," antwortete Sir Edward, „so wollt Ihr andeuten, daß die besten Freunde des Königs nicht immer seine gehorsamsten Unterthanen und seine getreuesten Officiere und etwas insubordinirte Soldaten gewesen sind. Dies ist die fruchtbare Quelle großen Unglücks, Sir, und ich stimme Euch von Herzen bei. Meine eigene Richtschnur ist es gewesen, den Befehlen zu gehorchen, die ich empfing, wenn sie mir von meinen Vorgesetzten ertheilt wurden, und dann meinem eigenen Urtheile zu folgen, wenn Niemand zugegen war, der ein Recht hatte, mir zu befehlen. Laßt uns aber von anderen Dingen sprechen. Ich finde, daß Ihr ein geschickter Musiker seid."

Der junge Mann lächelte.

„Ein Theil meines Lebens ist in Italien verstrichen, Sir Edward," sagte er, „in dem Lande der Musik und überhaupt aller Künste, und es war nicht zu erwarten, daß meine Constitution der Anstrengung widerstehen würde."

„Ich hatte nicht gewußt, daß die Kunst eine Krankheit sei," sagte Sir Edward Langdale, „obgleich ich, die Wahrheit zu gestehen, selbst in keiner Kunst

Meister bin, und daher in solchen Dingen kein besonderes Urtheil besitze."

„Ich sollte das Gegentheil meinen," sagte der junge Mann, indem er auf einige schöne kleine Gemälde an den Wänden deutete. „Diese Kindergruppe muß von der Hand Albano's sein, und jener Guercino ist ein Meisterstück. Sie sind von keinem Manne gewählt worden, der keine Kenntniß der Kunst besitzt."

„Ich habe einige, die noch schöner sind als diese," antwortete Sir Edward Langdale, der von dem Gegenstande, welchen er liebte, erwärmt wurde. „Ich werde sie Euch später zeigen, aber unterdessen kann ich auf diesen Brief weiter Nichts antworten, als daß es mich glücklich machen wird, Euch den Schutz und Beistand zu schenken, den ich gewähren kann. Was das betrifft, daß ich Euch als Hofmeister meiner beiden jüngeren Kinder aufnehmen soll, wie es Seine Königliche Hoheit, Prinz Jacob verlangt, so scheint dies nur eine Stellung zu sein, über die Euch Eure Fähigkeiten und Eure Erziehung erheben — dürfte ich nicht auch hinzufügen, Eure Geburt?"

„Ich strebe nach nichts Höherem," antwortete der junge Mann, und fügte darauf hinzu: „es kommt oftmals vor, Sir Edward, daß Personen, die nicht von geringer Geburt sind, durch zufällige Umstände in vielen Zweigen der Gelehrsamkeit tüchtig werden, wohin Andere, die viel günstiger situirt zu sein scheinen, nie

Kenntniß erlangen. Die Nothwendigkeit, für das tägliche Brod zu arbeiten, die von der Welt im Allgemeinen als ein großes Unglück betrachtet wird, ist im Gegentheil oftmals die größte aller Segnungen. Sie ertheilt dem Körper und Geiste Gesundheit und Stärke. Sie nährt und leitet einen richtigen Ehrgeiz, und lehrt dem Manne, sich selbst zu achten, indem sie ihm die Kenntniß der in ihm liegenden Kräfte verleiht. Ich bin sehr arm, wie es Euch wahrscheinlich der Herzog mitgetheilt hat, aber das ist nicht meine Schuld. Es wird vielleicht meine Schuld sein, wenn ich arm bleibe, und ich bin deshalb entschlossen, schon in meinem Jugendalter die redlichen Anstrengungen zu beginnen, welche aller Wahrscheinlichkeit nach mein Theil im Leben sein werden."

Sir Edward Langdale hatte, wie Männer seiner Gemüthsart, sehr häufig die Gewohnheit, wenn er etwas unschlüssig war oder tief nachzudenken wünschte, plötzlich aufzustehen und in dem Zimmer oder dem Orte, wo er zur Zeit sein mochte, auf- und abzugehen. Er schritt jetzt zehn bis zwölf Mal hin und wider, ehe er eine Antwort ertheilte, und dann erwiderte er nur: „Nun gut, Sir, es soll geschehen, was Ihr wünscht. Ich werde unverzüglich ein Zimmer für Euch herrichten lassen. Es giebt ihrer genug in diesem Hause."

„Das habe ich bemerkt," sagte der junge Mann trocken.

„Morgen sollen die Kinder ihre Studien anfangen," sagte Sir Edward, „und jetzt wollen wir den Geschäftstheil der Sache abmachen und zusehen, was Ihr als Vergütung für die Mühe verlangt, die Ihr Euch zu geben gedenkt."

Ein Gespräch von fünf Minuten brachte Alles, was sich auf Gehalt bezog, in's Reine; und hierauf rief der Herr vom Hause einen Diener und führte seinen jungen Gefährten nach einem Zimmer in dem unteren Stockwerk des linken Flügels, wohin er dem guten alten Pierrot befahl, das Gepäck des Fremden zu bringen.

„Was soll ich mit dem Pferde anfangen, Sir?" fragte Pierrot.

„Natürlicher Weise es in den Stall stellen," antwortete sein Herr. Und Pierrot zog sich zurück und schloß die Thüre. Als aber nach etwa fünf Minuten Sir Edward herauskam und den jungen Mann zurückließ, fand er seinen alten Diener immer noch im Hausgange stehen.

„Sein Gepäck ist unbedeutend genug," sagte Pierrot, indem er mit geheimnißvoller Miene zu seinem Herrn herantrat. „Nur zwei unbedeutende Satteltäschen."

„Nun, Pierrot, als Du mich kennen lerntest, hatte ich nicht viel mehr."

„Aber das Pferd! das Pferd!" rief Pierrot. „Es ist ein so schönes Schlachtroß, als nur je ein Mann eins geritten hat."

Drittes Kapitel.

Wenige Tage, ja wenige Stunden umfassen oft Alles, was wirklich den Namen der Lebenszeit eines Mannes verdient; und dann kommen wieder Pausen von Monaten, ja selbst Jahren vor, worin wenig gethan, gesagt oder gedacht wird, was auch nur der Aufbewahrung im Gedächtniß werth ist. Aber es giebt Perioden, die ohne sichtbare Thätigkeit den Weg zu wichtigeren Dingen bahnen. Ich darf sie nicht gemischte Perioden nennen, denn sie sind so ruhig und still, so ganz ohne Aufregung der Gefühle und Energie der Thaten, daß man sie später oftmals vergißt und daß der stumpfe Geist des Menschen nicht wahrzunehmen vermag, wie sie auf sein künftiges Schicksal eingewirkt haben.

Eine solche Periode folgte den wenigen Vorfällen, die wir zuletzt in dem Schlosse Belaye wahrgenommen haben. Alles nahm seinen Fortgang wie früher. Die Ankunft des jungen Fremden und seine Aufnahme in der Familie hatten kaum wahrnehmbare Veränderungen hervorgebracht, und seine Zeit wurde so von dem Unterricht ausgefüllt, den er zu ertheilen übernommen hatte, sowie von seinen Privatstudien, daß er von dem Herrn und der Dame des Hauses, außer den Mahlzeiten, nur wenig sah.

Wir wollen jedoch ein Bild des Familienkreises am Tische bei einem dieser Anlässe geben, da Einige von den dort versammelten Personen später wieder auf dem Schauplatz erscheinen werden.

Mit Sir Edward Langdale ist der Leser bereits bekannt und mit seiner holden Gattin Lucette ebenfalls, die kaum weniger schön war, wenn auch in einer andern Art von Schönheit, als zur Zeit, wo sie mit ihrem jetzigen Gatten aus Rochelle entfloh. Außer diesen Beiden waren die älteste Tochter und der älteste Sohn des Hauses vorhanden — die Erstere ein junges Mädchen von etwa siebzehn Jahren und ihrer Mutter in den Zügen und dem Ausdruck sehr ähnlich, aber mit dem dunklen Haar und den langen schwarzen Wimpern ihres Vaters. Der älteste Sohn war ein hübscher Bursche von etwa sechzehn Jahren, blond wie seine Mutter und auch schön, aber mit etwas zartem Gesicht und schmaler Gestalt. Er war für sein Alter vielleicht zu groß, und Sir Edward blickte zu wollen mit einem Gefühl von Besorgniß in Bezug auf seine künftige Gesundheit auf ihn, während das Herz seiner Mutter über das erbebte, was sie für die Zeichen frühzeitigen Verfalles hielt. Außer diesen beiden waren noch zwei rosige, rothwangige, kräftige Kinder von neun und zehn Jahren da, mit deren Beschreibung wir uns nicht aufhalten dürfen, da wir zu lebhafteren Scenen weiter eilen müssen.

Die siebente Person an der Tafel war der junge Fremdling, dem wir jetzt einen Namen geben müssen, und es wird am besten sein, wenn es der ist, unter welchem er in der Familie bekannt war, nämlich „Master Bernard March." Bei den zwei jüngeren Kindern, die er jetzt als Hofmeister unter sich hatte, war er schnell in Gunst gerathen, und sie pflegten sich mit fast geschwisterlicher Liebe an ihn zu schmiegen, wenn er ihnen außer den Studierstunden einige Minuten schenkte. Dies kam jedoch selten vor, denn er zeigte sich nicht geneigt, sich mit unter die Familie zu mischen, sondern zog sich gewöhnlich auf sein eigenes Zimmer zurück, sobald die Lectionen vorüber waren, und machte sich nur wenig oder gar keine Bewegung, außer während einer Stunde der Herbstabende, wo er eine von den einsamsten Alleen des Parks aufsuchte und dort, wie es schien, in tiefe Gedanken versunken, auf und ab schritt. Zuweilen unterhielt er sich auch bei der Speisetafel mit Sir Edward Langdale lebhaft über Literatur und Kunst und scherzte munter mit dem jungen Henry Langdale. Aber der Lady Langdale und ihrer ältesten Tochter gegenüber beschränkten sich seine Reden auf ein paar Worte der alltäglichen Höflichkeit, wenn sie sich begegneten und wenn sie sich wieder trennten. Die Wahrheit zu gestehen, würde sich die schöne Lucy vielleicht wegen seiner völligen Gleichgültigkeit gegen ihre Schönheit, ihre Anmuth und ihre Talente etwas piquirt gefühlt haben, wenn sie nicht in solcher Abgeschiedenheit erzogen gewesen wäre, daß sie in allen den verschiedenen Kunstgriffen und Koquetterien jener Zeit unwissend war. Unter den obwaltenden Umständen hielt sie ihn für einen sehr alltäglichen jungen Mann, der ohne Zweifel hübsch und gelehrt, aber sehr kalt und etwas schüchtern war. Lady Langdale mochte etwas tiefer sehen — und Sir Edward Langdale that dies jedenfalls, denn er hatte von dem ersten Momente an, wo der junge Mann zu der Familie gekommen war, dessen Charakter zu seinem Studium gemacht und glaubte unter seinem kalten Wesen Züge wahrzunehmen, die von denen, welche sich auf der Oberfläche zeigten, sehr verschieden waren. Anfangs hatte er sich allerdings veranlaßt gefühlt, ihn für etwas frivol zu halten — zu urtheilen, daß sein Geschmack für die Künste und besonders für die Musik ihn verweichlicht und weibisch gemacht habe. Von Zeit zu Zeit flog jedoch über sein gewöhnliches ruhiges Benehmen ein kräftiger Gedanken-

lich hin, welcher seinem Geist von nicht geringer Kraft und Energie verlieh.

Man wird sich erinnern, daß der junge Mann, als er im Schlosse erschien, seinen vierfüßigen Freund bei sich hatte, den Pierrot La Grange für eins der schönsten Streitrosse erklärte, das er je in seinem Leben gesehen zu haben. Marie Wetherd bestieg es jedoch nie, obgleich er häufig in den Stall ging, seinen Hals klopfte und sanft mit der Hand über zwei merkwürdig aussehende Narben strich, die auf den Vorderbeinen des edlen Thieres zu sehen waren. Das Pferd schien ihn jedoch sehr lieb zu haben, und sobald sein Schritt im Stalle erschallte, spitzte es die Ohren, wendete den Kopf um und bewillkommnete seinen jungen Herrn mit einem kurzen freudigen Wiehern.

Es ist in der guten Welt, worin wir leben, etwas sehr Gefährliches, keine Eigenthümlichkeiten zu besitzen. Große Excentricitäten, Sonderbarkeiten von merkwürdigem Charakter setzen uns auf lebenslang in unseren Lehnstuhl, wie eine alte Schriftstellerin gesagt hat. Hütet Euch aber vor Allem, was nach Geheimniß schmeckt. Es hetzt den blinden und dummen, aber unermüdlichen, ausdauernden Hund der Neugier kläffend auf Eure Fersen, der gleicht der Fährte des Hirsches nach [illegible] Grase [illegible], und wenn Ihr selbst der Lieblingsnichte des Herrn jenes Hundes wäret, so würde der [illegible] seine Zähne in Euer Weichen [illegible] von der Jagd abstände. Nun gewährte Mr. Bernard Stoff zu einer Menge von Vermuthungen im Schlosse Belane. Seine stillen, einsamen Gewohnheiten, seine Bildung — denn selbst die Dienerschaft machte bald ausfindig, daß er hochgebildet war — machten ihn zu einem Gegenstande der Bemerkungen und Beobachtungen; und dazu kam noch die wunderbare Thatsache, daß Niemand wußte, wer er sei oder woher er komme. Ich beziehe mich natürlicher Weise auf die Domestiken und Untergebenen des Hauses; aber sogar Sir Edward Langdale selbst war nicht ohne einen Grad von — wie soll ich es nennen? Nicht Neugier, denn es hatte Nichts von dem gemeinen Theil jener sehr gemeinen Eigenschaft, sondern glich mehr der Unschlüssigkeit. Er erkundigte sich nie, warum der junge Mann dies oder jenes thue, was die Beweggründe seien, weshalb er fortwährend aus dem Familienkreise fern blieb, wo er mit Güte und Höflichkeit behandelt wurde. Er stellte keine Fragen nach der Vergangenheit, der Gegenwart oder der Zukunft, aber er verwunderte sich über Vieles, was er sah, und würde es gern gesehen haben, wenn er weitere Aufklärungen erhalten hätte. Allerdings hatte er aus den Händen des jungen Mannes einen Brief von dem zweiten Sohne seines Souverains erhalten, welcher wohl jede indiskrete Neugier unterdrücken konnte. Und auch in Frankreich fanden Ereignisse statt, die sehr viel von seiner Aufmerksamkeit in

Anspruch nähmen, obgleich er entschlossen war, sich nicht an ihnen zu betheiligen. Er bemerkte aber mit Bedauern, daß sein neuer Gesellschafter jede gesunde Leibesübung vernachlässigte, daß die Wange bleicher, das Auge gespannter und der Gesang, den man zuweilen aus dem kleinen Zimmer im Eckflügel vernahm, weniger häufig wurde und im Allgemeinen einen mehr wehmüthigen Ton annahm. Ein Gefühl unbestimmter Theilnahme bemächtigte sich seiner, und während er Anfangs die Art von Ueberlegenheit gefühlt hatte, die oft Geringschätzung heißt und die Männer der That und Energie oftmals gegen Männer des Gedankens und der Phantasie empfinden, begann er jetzt ein Interesse an dem jungen Manne zu nehmen, welches nahe mit der Freundschaft verwandt war.

Eines Tages gegen das Ende des September, an einem schönen heiteren Morgen beendigte die ganze Gesellschaft eben ihr Frühstück, als Sir Edward plötzlich mit den Worten herausplatzte: „Kinder, heute ist ein merkwürdiger Tag in meinem Leben und wir wollen uns einen Feiertag machen. Mr. Bernard, Ihr bedürft mehr Bewegung; kommt mit und schließt Euch uns zu einem lustigen Ritte an; denn wir gehen durch den Wald nach dem steinernen Tisch, wo unsere alten Könige von Frankreich zuweilen ihr Cours plénière zu halten pflegten, und dort wollen wir zu Mittag essen und uns einbilden, daß wir so gut sitzen, wie irgend ein Pair oder Paladin.

Der junge Mann blickte einen Moment nieder und dachte nach, worauf er antwortete: „Nun, Sir, ich stehe Euch zu Befehl. Ich vermuthe, daß die Gesellschaft klein sein wird; denn, die Wahrheit zu gestehen, bin ich für den geselligen Umgang nicht eben geeignet.“

„Außer uns Niemand“, entgegnete Sir Edward, und fügte sodann mit ziemlich bedeutsamem Tone hinzu: „es ist keine Aussicht vorhanden, daß wir irgend Jemand begegnen; denn ich vermuthe, daß seit den Tagen Childeberts in vierundzwanzig Stunden nicht zehn Personen jenes Weges gekommen sind. Welches Pferd wollt Ihr reiten?“

„Mein eigenes, Sir,“ antwortete der junge Mann.

„Es ist seit Wochen nicht aus dem Stalle gekommen,“ antwortete Sir Edward, „und es würde vielleicht gut sein, ihm etwas Bewegung zu machen, ehe Ihr es reitet.“

Der junge Mann sagte mit einem leichten Lächeln: „Es kennt mich gut, Sir, und ist nicht tückisch.“

In wenig mehr als einer Stunde standen Pferde für die ganze Gesellschaft vor dem Thore. Lady Langdale und ihre Tochter waren bald aufgestiegen und Sir Edward und die Knaben hatten ihre Füße in den Steigbügeln, aber das schöne braune Schlachtroß

Master Bertrand's stampfte und schäumte in den Händen zweier Stallknechte, die es kaum zu halten vermochten. Bald scharrte es den Boden, bald bäumte es sich, als ob das feurige Blut, welches so lange nicht in Bewegung gewesen war, kaum gezügelt werden könne. Der junge Mann näherte sich seiner Seite, während das Auge Sir Edward Langdale's als das eines erfahrnen Reiters sich vielleicht mit etwas Zweifel, vielleicht mit einiger Aengstlichkeit auf ihn heftete. Aber es erfolgte nur ein Wort und eine Bewegung. „Steh!“ Und mit einem Satze und ohne auch nur den Steigbügel zu berühren, war Bertrand auch im Sattel und saß aufrecht wie eine Statue da. Das Pferd sprang vorwärts, als wolle es allen Uebrigen vorauskommen, aber ein heftiges Schütteln des Kopfes und ein Ziehen am Zügel brachte es vollkommen in seine Gewalt und machte es sanft wie ein Lamm.

Es war ein sehr schöner Weg von etwa zwei bis drei Stunden Länge durch eine Gegend, die man nicht bergig nennen konnte, die aber bei jedem Schritte wellenförmige Bewegungen und Abwechselung darbot. Bald ritt man zwischen fruchtbaren Weinbergen und Feldern dahin, bald durchschritt man eins von den kleinen Gehölzen, die jenem Theile Frankreichs Abwechselung verleihen, bald erstieg man eine sanfte Anhöhe, von der aus eine umfassende Aussicht auf die Umgegend erlangt werden konnte, bald senkte sich der

Weg in ein Thälchen hinab, auf dessen Grunde ein heller schimmernder Bach hinströmte. Während der ersten Hälfte des Weges sah Alles heiter und lebhaft aus. Die Bauern arbeiteten auf dem Felde und erleichterten ihre Mühen mit einem Liede, die Bäume waren voller Vögel, welche die Luft mit den letzten Klängen des Jahres melodisch machten, und die großen schönen Schmetterlinge flatterten immer noch umher und beendigten ihr kurzes Dasein in dem milden Sonnenscheine des Frühherbstes.

Jede Leidenschaft ist ansteckend, oder vielmehr der Geist des Menschen besitzt die natürliche Neigung zur Theilnahme, daß sechszig Jahrhunderte voll Verbrechen und Leiden nicht im Stande gewesen sind, das Gefühl der Brüderschaft mit allen Dingen zu verlöschen, welche Gott ursprünglich im menschlichen Herzen eingepflanzt hat. Mit den Lachenden zu lachen und mit den Weinenden zu weinen ist die angeborne Neigung eines Jeden, und wir sind geneigt, an allem Freudigen Theil zu nehmen, wenn es auch nur das Glück der seelenlosen Thiere oder das heitere Aussehen einer unbelebten Landschaft ist. Der Geist ist gewissermaßen ein Spiegel, welcher die ihn umgebenden Gegenstände zurückwirft und von Allem eine Färbung annimmt, die nicht ihm selbst angehört. Die ganze Gesellschaft wurde lustig, und selbst Master Bernard schüttelte die Zurückhaltung und Gravität seines gewöhnlichen Benehmens ab und lachte und plauderte mit heiterem Gesicht und offenem Herzen.

Nach einer Stunde senkte sich jedoch der Weg abwärts und zeigte langsam und allmälig ein weit ausgedehntes wellenförmiges Waldgelände jenseits. Die Reihen von hohen Wallnußbäumen, welche bisher den Pfad zu beiden Seiten begrenzt hatten, wurden unterbrochen und hörten dann ganz auf, die angebauten Felder nahmen ein Ende, das Haus des Bauern und die Hütte des Tagelöhners verschwanden, große Eichen und Roßkastanien traten an die Stelle der Obstbäume und Weinstöcke, bis plötzlich bei einer scharfen Biegung und einem plötzlichen Herabsenken des Weges die ganze Gesellschaft sich in dem Walde von Bourg in der Nähe der Stelle befand, wo eine Försterhütte stand, neben welcher ein großer, heller Brunnen mit schönem Wasser schimmerte. Der alte Förster selbst saß vor seiner Thüre, schnitzte einen Sonnenweiser an einem Stabe und pfiff mit wohlklingendem Tone eine längst vergessene Melodie, fast ohne Notiz von der Reitergesellschaft zu nehmen, deren Hufschlag er doch gehört haben mußte. Die ganze Gesellschaft machte jedoch Halt, um ihre Thiere trinken zu lassen, und Sir Edward Langdale ritt zu dem Greise heran und sagte: „Ein Robin, Ihr scheint mich vergessen zu haben."

Der Förster sprang auf, sobald er seine Stimme hörte und rief:

„Gott sei mir gnädig, Monseigneur" — zu jener Zeit war für das Landvolk Jedermann Monseigneur — „ei, ich dachte, Ihr wäret in fremden Landen und kämpftet für den guten König von England. Jemand hat mir es sicherlich erzählt und ich habe Euch seit zwei Jahren nicht gesehen."

„Ich bin zurückgekehrt, guter Robin," sagte Sir Edward, „und hoffe mit Euch noch einige friedliche Tage zu verleben. Was giebt Euch aber eine so ernsthafte und niedergeschlagene Miene, guter Mann? Ihr ließet den Kopf hängen, als wir herankamen, als wolltet Ihr uns nicht sehen."

„Die Zeiten sind schlecht, Sir," sagte Robin, „und heutzutage kommt so Mancher hier vorüber, den es nicht sicher scheint, zu sehen. Ei, es sind noch keine drei Stunden her, daß eine ganze Schaar von ihnen einen von den Hirschen des Königs innerhalb Schweite der Hüttenthüre tödtete. Sie würden es unter der Regierung des alten Königs, wo der große Cardinal noch lebte, nicht gewagt haben. Aber ich kann jetzt Nichts thun, um sie davon abzuhalten. Zu jener Zeit konnte ich mit einem Hornstoß zehn Männer herantufen, aber die Leute erhalten keine Bezahlung und so wollen sie unter dem neuen Cardinal und dem kleinen Jungen nicht dableiben."

„Nun, wir sind nicht gekommen, um die Hirsche des Königs zu jagen," antwortete Sir Edward, „sondern bloß um unser Mittagsessen an dem steinernen Tisch einzunehmen. Dort wird wohl Alles sicher sein."

„Ja wohl," antwortete der Förster. „Die Schelme sind seit ein paar Stunden fort, ein Jeder trug ein blutiges Viertel auf dem Rücken und sie werden schwerlich sehr bald wieder kommen. Ueberdies habt Ihr aber eine Menge von Leuten bei Euch."

Die Menge von Leuten, von denen der gute Robin sprach, bestand allerdings nur aus Sir Edward Langdale und seinem Sohne, Master Bernard March, zwei berittenen Reitknechten und einem dritten, der ein Saumpferd mit ihren Mundvorräthen führte. Diese nebst den Damen und den jüngeren Kindern bildeten eine ziemliche starke Schaar. Aber Niemand fühlte Furcht, und die Nachricht, daß es Schelme im Walde gäbe, erschreckte Keinen. Vor einigen Jahren würde man überhaupt keinen Grund zur Besorgniß gehabt haben. Seit Sir Edward Langdale zum letzten Mal die Küste von Frankreich verlassen hatte, um sich nach England zu begeben, hatten sich die Zeiten aber sehr geändert. Die schwache, schlaue, aber erfolgreiche Herrschaft des Cardinals Mazarin hatte im Lande große Unordnung nach sich gezogen. Die Bürgerkriege der Fronde hatten begonnen und viele Theile des Landes sowohl wie die unmittelbare Nachbarschaft des Hofes wurden von den streitenden Parteien und von der allgemeinen Sittenlosigkeit, die einer nicht feststehenden

Gewalt stets nachfolgt, in große Unruhe versetzt. Das, was der Dichter die alte gute Regel und die gute alte Weise nennt, nämlich das Faustrecht, wurde im großen Maßstabe befolgt, und ich fürchte, daß die Faust sich in verschiedenen Theilen Frankreichs nur zu oft fühlbar machte.

Sir Edward und seine Schaar ritten indessen munter weiter und vergaßen nach wenigen Minuten Alles, was sie von den Herren gehört, die sich von dem Wildprete des Königs zugelangt hatten, und sie plauderten von der Großartigkeit der alten Eichen, worauf sie einige maßen, der Schönheit des glitzernden Baches, über den sie wenigstens ein Dutzend Mal ritten, und der Lieblichkeit der Gegend im Allgemeinen, sowohl in den tiefen, duftigen Waldstrecken, wo das Auge kaum eindringen konnte, wie in dem stets wechselnden Lichte und Schatten, die durch die Blätter und Aeste fielen und ihren Pfad mit einem merkwürdigen Mosaikpflaster zu versehen schienen. Nach einer halben Stunde breitete sich eine kleine ebene Wiese im Schooße des Waldes vor ihnen aus und dort stand im Schatten der langen Aeste die steinerne Tafel, eine lange ebene Steinplatte von etwa sechszehn Fuß Länge und vielleicht acht Fuß Breite, die durch vier kleinere Steine an den vier Ecken emporgehalten wurde. Vielleicht war es ursprünglich ein Druidendenkmal gewesen, aber die Sage berichtete, daß die Lehnsherren der Gegend und sogar die Könige von Frankreich selbst hier ihre cours plenieres gehalten und ihre Unterthanen abgeurtheilt oder mit ihren Vasallen gezecht hätten. Die Mahlzeit war bei dem gegenwärtigen Anlasse jedenfalls dazu bestimmt, eine mäßigere zu sein, als die, welche jene alten Zeiten gesehen hatten. Trotzdem war sie reichlich und munter, und Sorgen und Gedanken und vielleicht auch Erinnerungen und Kummer um geschehene Dinge waren für den Augenblick vergessen. Mit der gewöhnlichen Umwälzung der Gefühle, welche so häufig die Menschen zu Excessen treibt, war der nachdenkliche und etwas düstere Mr. Bernard March wohl einer der Muntersten der ganzen Gesellschaft. Er lachte, scherzte, plauderte munter mit Lady Langdale und Lucy, pflückte mit den Knaben die wilden Herbstblumen und lief den bunten Schmetterlingen nach. Er schien beinahe selbst ein Kind zu sein und hatte sich wahrscheinlich vorgenommen, inmitten eines traurigen, mühseligen Lebens wenigstens einen Tag heiteren, ungetrübten Genusses mitzunehmen.

So verstrichen die Stunden bis gegen vier Uhr, während welcher Zeit die Dienerschaft rund umher saß und sich ebenso gut vergnügte, wie ihre Herren, bis Sir Edward Langdale dachte, daß es ziemlich Zeit sei, nach dem Schlosse zurückzukehren. Als sie noch einige Minuten zögerten, fragte Lady Langdale Mr. Bernard, ob er sie nicht mit einem Abschiedsliede erfreuen wolle. Sie wüßten, sagte sie, daß er sehr schön singen könne, denn sie hätten es mehr als einmal zufällig gehört. Er antwortete lächelnd, daß er vielleicht besser singe, wenn er nicht wisse, daß ihm Jemand zuhöre, gehorchte jedoch sofort, ohne sich zu zieren und sang ungefähr folgendes Lied:

Die Klage des sterbenden Soldaten.

Kennst Du die Liebe, die das Kind bewacht,
Wenn Thränen aus der Mutter Auge fallen,
Wenn furcht- und hoffnungsvoll in stiller Nacht
Und stolz und schüchtern leise Seufzer wallen?
Kennst Du sie wohl?

Wo ist die Liebe, während meine Glieder
Auf grausem Schlachtfeld starr und blutig liegen
Und matten Schlag's mein Herz doch immer wieder
Zu alten frohen Tagen heim will fliegen?
Wo ist sie wohl?

Wo ist die Liebe? In blauen Himmelshöhen
Bei der, die auf der Erde mich zurückgelassen?
Ihr holden Geister, laßt sie nicht verwehen,
Ich komme, sie auf's Neue zu umfassen!
Dort ist die Liebe!

Die Stimme war ungemein angenehm und auch ihre Ausbildung vollkommen, soweit die Musikwissenschaft es in jener Zeit gestattete, und Niemand hing aufmerksamer an dem Liede, als Lucy Langdale, deren

Ohr und Geschmack ebenso zart und fein waren, wie bei ihrer Mutter.

Sir Edward, der stets von der Musik bewegt wurde, saß mit, auf die steinerne Tafel gehefteten Augen da, während die Dienerschaft die verschiedenen Geräthe abräumte, die bei ihrem einfachen Diner gebraucht worden waren. Plötzlich bewog ihn aber ein leiser Schrei Lady Langdale's und die Berührung ihrer Hand mit seinem Arm, die Augen zu erheben. Das Erste, was er sah, war das Blitzen von einem halben Dutzend Carabinern, die zwischen den Bäumen gegenüber auf seine Gesellschaft zielten, und ehe er noch Zeit hatte, seinen Degen zu ziehen, war eine Anzahl von Männern hinter ihm herangeeilt und fesselte seine Arme mit den Zügeln der Pferde. Die Männer mit den Carabinern kamen hierauf von der entgegengesetzten Seite heran, und zwar nicht mit eben Gefahr drohenden Geberden, denn sie lachten laut; aber in hinlänglicher Stärke, um jeden Widerstand fruchtlos zu machen. Es erfolgte eine Scene der Verwirrung, welche kaum beschrieben werden kann. Die Fremden waren zum größten Theil maskirt oder sonst verkleidet und es ließ sich an ihrer Kleidung und ihrem Benehmen schwer erkennen, ob der Angriff durch eine Schaar von Räubern erfolgt oder ob die ganze Geschichte blos ein schlechter Witz sei. Sie lachten und scherzten mit dem leichten Sinne jener Zeit und ihres Vaterlandes, und ihre

Sprache war jedenfalls merkwürdig gebildet und sogar verbildet, aber ihre Kleider waren nicht wenig zerlumpt, und sie machten sich kein Gewissen daraus, die Dienerschaft, welche augenblicklich überwältigt worden war, zu binden, oder Pierrot la Grange, dem Einzigen, der einen ernsten Widerstand versucht hatte, zwei bis drei tüchtige Püffe zu geben.

„Wir hoffen, daß Ihr gut gespeis't habt, Sir," sagte ein Herr mit blauer Schärpe mit einer tiefen und ceremoniösen Verbeugung zu Sir Edward Langdale. „Wir wollen Euch nicht bei Eurem Mahle stören, da wir selbst mit so viel gutem Wildpret angefüllt sind, als wir nur fassen können. Aber wir sind ausnehmend durstig, denn wir haben Nichts zu trinken gehabt, als eine kleine Quantität von dem reinen und ohne Zweifel sehr gesundem Getränk, welches Wasser genannt wird, aber einem Getränk, an welches Keiner von uns sehr gewöhnt ist. Ich weiß, daß Ihr uns einladen werdet, von Eurem Weine zu genießen, und wir wollen uns daher, ohne auf Ceremonien zu warten, selbst zulangen." Und hiermit füllte er sich ein Glas aus einer der noch auf dem Tische stehenden Flaschen, und die Meisten seiner Gefährten folgten ihm.

„Seid nicht im Geringsten besorgt, Madame," sagte ein Anderer zu Lady Langdale. „Wir sind die civilisirtesten Leute auf dem Angesicht der Erde. Wir werden Euch vielleicht einige von den weltlichen Gütern abnehmen müssen, die unserer armen Menschheit auf dem Wege zur Gnade sehr hinderlich sind, aber wir kennen den menschenfreundlichen Charakter unserer Freunde so gut, daß wir nicht bezweifeln, daß Sie mit Freuden eine kleine Summe beitragen werden, um einer Schaar armer Edelleute auf ihrem Heimwege weiter zu helfen; denn ich denke bei meinem Leben und meiner Seele, daß unter uns kein Einziger einen Kronthaler besitzt, um sich ein neues Halstuch damit zu kaufen."

„Ihr Herren," sagte Sir Edward Langdale, „diese Scherzreden sind in ihrer Art recht hübsch; da wir aber ebenfalls nach Hause gehen müssen, würdet Ihr mich verbinden, wenn Ihr zur Sache kommen wolltet. Ihr habt uns in Eurer Gewalt, und wenn Ihr nach unserem Gelde verlangt, so würde ich Euch gern meine Börse geben, falls ich nur die Hand in meine Tasche stecken könnte. Wenn Ihr mich jedoch entfesseln wollt, so sollt Ihr sie haben, da gegen eine solche Uebermacht der Widerstand ganz vergeblich sein würde."

„Natürlich ist er das, Sir Edward Langdale," sagte die Person mit der blauen Schärpe. „Wir wollen aber ein Anlehen erheben, und zwar so ziemlich auf die gleiche Weise, wie es unsere alten Monarchen zu thun pflegten, nämlich durch einen sehr sanften Zwang. Eure Hände sollen daher entfesselt werden, wenn wir uns in dieser Beziehung auch nicht anders helfen konnten; aber wir werden, die Wahrheit zu gestehen, unsere Zügel nothwendig haben. Seid daher so gütig, Eure Börse höflich und freundlich auf die Tafel zu legen. Jean, entfessele die Arme des guten Ritters."

„Mit unendlichem Vergnügen, Monseigneur," antwortete der Mann, welchen er anredete, und der Lederriemen wurde unverzüglich von Sir Edward's Armen abgenommen. Während die Räuber, oder was sie sonst waren, sich unter Sir Edward's Gesellschaft mischten und der Lady Langdale höfliche Complimente machten, die sie mit allen äußeren Zeichen der Courtoisie begleiteten, obgleich sie in einem etwas scherzhaften Tone gesprochen wurden, zog Sir Edward seine Börse aus der Tasche, legte sie ernst auf den Tisch und sagte: „Langt zu, meine Herren."

Der Mann mit der blauen Schärpe schüttelte bedächtig das Geld aus und zählte es. „Nur hundertundzehn Kronen," sagte er. „Ist das Alles? Das wird für Jeden von uns keine zehn Kronen geben."

„Auf mein Wort, das ist Alles, was ich habe," antwortete Sir Edward.

„Ich möchte Ihnen diesen Ring von Ihrem Finger abborgen," erwiederte der Fremde. „Die Brillanten sind groß und scheinen von sehr schönem Wasser zu sein."

„Ihr müßt ihn nehmen, wenn Ihr ihn verlangt," sagte Sir Edward mit sehr ernstem Tone, „aber Ihr könntet fast ebenso gut mein Leben nehmen. Der Ring ist mir von meinem König an dem Abend nach einer gewonnenen Schlacht geschenkt worden und ich hatte gedacht, daß ich ihn mit in mein Grab nehmen würde."

„Dessenungeachtet muß ich ihn borgen, Sir," antwortete der Fremde, „wenigstens auf einige Zeit. Und wenn Ihr auch vielleicht denkt, daß ich scherze, so will ich so viel hinzufügen, daß er Euch in ein paar Wochen vollkommen unversehrt zurückgestellt werden soll, wenn ich noch lebe." Er sagte dies mit ernsterem und höflicheren Tone und Sir Edward Langdale zog augenblicklich den Ring vom Finger und legte ihn auf die Tafel neben das Geld. Natürlicher Weise hatte auf der kleinen Wiese, wo das Gespräch stattfand, sehr viel Verwirrung und Lärm geherrscht, aber wir müssen uns erinnern, daß dies Tage waren, wo Ereignisse, die jetzt ausschweifend und unwahrscheinlich erscheinen würden, nichts Außergewöhnliches waren. Die Kriege der großen Rebellion in England erzeugten nicht wenige solche seltsame Vorgänge. Aber während der Kriege der Fronde, die damals wohl in ihrer größten Stärke herrschten, geschahen noch seltsamere Dinge in Frankreich. Diese Leichtfertigkeit ersetzte die Stelle des Ernstes. Die Religion war nicht einmal mehr ein Vorwand und jede Partei übte jede erdenkliche Art von Uebermuth.

Auf diese Weise wurden die Geister der Menschen an Scenen und Umstände gewöhnt, die zu anderen Zeiten Ueberraschung und Bestürzung erregt haben würden; und man fühlte bei allen seltsamen und verwegenen Ereignissen, von welcher Seite sie auch kommen mochten, nur sehr wenig Erstaunen.

Trotzdem war Alles Verwirrung, wie man sich leicht denken kann, wenn eine Schaar von dreizehn bis vierzehn Bewaffneten sich mit so zweideutigen Absichten unter eine kleine Gesellschaft, wie die Sir Edward Langdale's, eindrängte. Jede der Personen wurde von den Uebrigen getrennt, der Einzige, welcher die Hände frei hatte, war auf der einen Seite Sir Edward selbst, und sieben bis acht Männer, mit Carabinern in den Händen, hielten mit dem moralischen Zwang, welcher von Pulver und Blei geübt wird, die Uebrigen auseinander, und Andere gingen fortwährend hin und her und ertheilten Befehle, führten Pferde heran und steckten silberne Becher und andere verkäufliche Gegenstände in Quersäcke und ähnliche Aufbewahrungsorte.

Das Ganze war in kaum zehn Minuten vorüber und dann nahm der Herr mit der blauen Schärpe seinen Hut mit dem Anstande eines Prinzen vom Kopfe und sagte: „Sir Edward, es thut uns leid, Euch mit einem gewissen Grade von Zwang behandeln zu müssen, aber Ihr wißt, daß Noth kein Gebot kennt. Wir lassen Euch die Freiheit, in fünf Minuten Eure Gefährten zu entfesseln. Ich brauche Euch kaum zu sagen, daß bei Eurer Stärke und der unseren und bei der Entfernung zwischen Euch und Euren Hilfsmitteln jeder Versuch, uns zu verfolgen, vergeblich sein würde. Ihr werdet wieder von mir hören und dann wird Alles, was jetzt unrecht erscheint, recht gemacht werden. Sitzt auf, Ihr Herren, sitzt auf; kümmert Euch nicht um die Candaren, Ihr könnt auch einmal mit der Trense reiten."

Hiermit warf er sich auf ein schönes Pferd, welches in der Nähe stand, und galoppirte an der Spitze seiner Schaar davon.

Man darf nicht sagen, daß Sir Edward Langdale die vorgeschriebenen fünf Minuten wartete, ehe er an's Werk ging, sämmtliche Mitglieder der Gesellschaft zu entfesseln, und dann ließ er mit einer Miene von Besorgniß und selbst Aengstlichkeit, die bei ihm ungewöhnlich war, das Auge schnell von einem Gesicht zum andern schweifen und rief mit schwer zu beschreibendem Tone: „Wo ist Lucy! Wo ist Lucy!"

Alle blickten sich um und jetzt fand man, daß zwei von der Gesellschaft fehlten. Lucy Langdale und Mr. Bernard March waren nicht mehr unter ihnen.

Viertes Kapitel.

Es dunkelte schnell und die Reiterschaar trabte im scharfen Schritte und ohne Aufenthalt dahin. Sie hatte sich ziemlich militairisch geordnet und der Mann mit der blauen Schärpe, sowie ein zweiter gut gekleideter Cavalier bildeten die Spitze des Zuges. Hinter ihnen kam eine Abtheilung von vier Mann mit einer jungen Dame in ihrer Mitte, welcher zwei von den Reitern große Sorgfalt und Aufmerksamkeit zu schenken schienen, indem der Eine den Zügel gefaßt hatte und der Andere sie im Sattel festhielt, wenn die Unebenheiten der Straße oder die Schnelligkeit, womit sie ritten, ihren Sitz unsicher machte. Zu gleicher Zeit fuhren sie fort, tröstende und beruhigende Worte an sie zu richten und ihr zu sagen, daß man nichts Böses gegen sie im Sinne habe, daß sie ganz gut behandelt werden würde und daß eine Dame vom höchsten Range sie erwarte und bereit sei, sie mit der größten Güte und Liebe aufzunehmen.

Das arme Mädchen antwortete nicht. Es schien entsetzt und von seiner Lage völlig überwältigt zu sein. Unterdessen aber war zwischen den zwei Personen an der Spitze des Trupps ein Gespräch im Gange, dessen unbewußter Gegenstand sie war.

„Es gefällt mir ganz und gar nicht," sagte der Mann mit der blauen Schärpe. „Ihr hattet keinen Beruf, dies zu thun. Es ist in jeder Hinsicht Unrecht. Es muß unsere Bemühungen, in die Stadt zurück zu gelangen, mehr oder weniger verzögern, wenn es sie nicht gänzlich vereitelt. Und wie soll die Sache dann erklärt werden, wenn die ganze Geschichte untersucht wird, wie man mit Gewißheit erwarten kann?"

„Wie sollen Ihre eigenen Heldenthaten erklärt werden, gnädiger Herr?" fragte der Andere lachend. „Obgleich man ohne Zweifel große Rücksicht für Ihren hohen Rang haben wird, so läßt es sich doch nicht leicht rechtfertigen, wenn ein Prinz von Geblüt Beutelschneider wird."

„Das läßt sich augenblicklich erklären," antwortete Jener. „Da ich mit meiner kleinen Schaar von der Stadt abgeschnitten bin, wir Alle keinen Sous in der Tasche hatten und uns auf irgend eine Weise zurückfinden mußten, war das Geld unbedingt nothwendig.

Natürlicher Weise gedenke ich es dem Manne zurückzustellen, sobald ich nach Paris komme."

„Nun, nun, Ihr brauchtet das Geld," antwortete Jener, „und ich mußte das Mädchen haben. Madame de Chevreuse kann sie wieder zurückschicken, wenn es ihr beliebt. Ich weiß weiter Nichts, als daß ich ihr versprochen habe, sie mitzubringen, wenn ich sie fangen könnte, obgleich einer von den Knaben ebenso gut gewesen wäre. Aber sie hingen sich so fest an ihre Mutter, daß es nicht möglich war, sie zu trennen."

„Und natürlicher Weise erwartet Ihr Bezahlung irgend einer Art dafür," sagte sein Begleiter.

„Ich hoffe eine solche von der süßesten Art," entgegnete Jener mit munterem Lachen. „Auf alle Fälle nützt es Nichts, weiter über die Sache zu reden. Wir haben das Mädchen und müssen es behalten, denn Eure Hoheit wird wohl zu galant sein, um es in diesen Wäldern fortzuschicken, selbst wenn ich geneigt wäre, dies zuzugeben."

Sein Begleiter schien jedoch keineswegs befriedigt und ritt in mürrischem Schweigen dahin, bis sie den Wald an einem Punkte erreicht hatten, der etwa vier Stunden von der Stelle entfernt war, wo ihn Sir Edward Langdale mit seiner Gesellschaft betreten hatte. Etwa eine halbe Stunde weiter hin, wo ein hübsches, kleines, schattiges Thal die Gewässer des Flusses aufnahm, den wir bereits erwähnt haben, zeigte sich ein

Dörfchen mit einer gothischen Kirche auf der einen Seite der Landstraße und zwei bis drei Häuser auf der anderen, und hier schlug einer von den Reitern vor, ein paar Minuten Halt zu machen und die Pferde trinken zu lassen.

Das Licht war noch nicht gänzlich vom Himmel geschwunden und die Wolken waren noch vom Sonnenuntergang geröthet, so daß der Herr mit der blauen Schärpe, als er seine Augen nach dem Wege erhob, der den Berg hinaufstieg, wo er zwischen den Häusern und der Kirche hindurchführte, deutlich zwei Karren sehen konnte, die quer über der Straße aufgefahren waren, während Reisig und Stangen den Raum zwischen ihnen und den Häusern auf der einen Seite und der Mauer der Kirche auf der anderen ausfüllten, so daß sie eine höchst unerwartete Barrikade bildeten.

„Heda, was giebt es dort?“ rief er, und nachdem er einen Augenblick hingeschaut hatte, wendete er sich scharf gegen seinen Begleiter um und fuhr fort: „Sehen Sie, in welche Patsche Sie uns geritten haben! Hinter jenen Karren steht eine Anzahl von Kerlen und im Kirchhof sind noch mehr; sie sind gut bewaffnet. Sehen Sie den Schimmer nicht?“

„Das ist unangenehm genug,“ antwortete jener, „aber ich habe Nichts damit zu thun gehabt. Höchst wahrscheinlich sind es Einige von den Leuten des Prinzen, die uns verfolgen.“

„Daß ich nicht wüßte," antwortete der Andere. „Ich glaube es nicht. Es muß ein Militair an ihrer Spitze stehen, so viel ist klar. Aber ich denke, daß wir finden werden — halt, wer kommt da heran?" Während er noch sprach, sprang ein dem Anschein nach behender und junger Mann über die Kirchhofsmauer und schritt mit einem gezogenen Schwerte in der Hand, welches er locker an der Klinge hielt, und einer der großen Reiterpistolen jener Zeit in der anderen Hand auf die Reiterschaar zu. Er ging mit ungezwungener, ruhiger Miene, als ob er blos einen Morgenspaziergang mache, fuhr aber fort, gegen den Mann mit der blauen Schärpe heranzuschreiten. Sobald er bis auf fünf oder sechs Schritte herangekommen war, so daß man seine Züge unterscheiden konnte, hörte man die Stimme Lucy Langdale's rufen: „O, Mr. Bernard, helft mir! helft mir! Diese Männer schleppen mich fort, der Himmel weiß wohin!"

„Sie werden Euch nicht weiter schleppen," antwortete Bernard March kaltblütig, und fügte hierauf gegen den Anführer der Schaar gewendet hinzu: „Ihr werdet diese junge Dame unverzüglich in Freiheit setzen, Herr. Es würde unnütz sein, wenn Ihr Euch widersetzen wolltet, denn ich habe auf der Straße vor Euch drei Mal so viel Leute wie Ihr, und Sir Edward Langdale mit seinen Leuten ist kaum eine Viertelstunde hinter Euch."

„Und wer zum Teufel seid Ihr, Herr?" fragte der Mann mit der blauen Schärpe, indem er seine Maske abnahm, „und wie könnt Ihr es wagen, einen Prinzen von Geblüt auf diese Weise anzuhalten?"

„Ich bin keines Menschen Teufel, Herr," antwortete der junge Mann mit dem gleichen ruhigen Tone, „sondern ein Edelmann von eben so gutem Blute, wie irgend Einer im Lande. Ich kenne Euch, Herr Herzog von L —, und daß Ihr das seid, was Ihr sagt; aber was das Wagen betrifft, so würde ich es eben so leicht wagen, dieses Pistol gerade in Euer Gesicht abzufeuern, wie ich es wage, dasselbe in den Kopf eines lahmen Gaules abzuschießen, wenn ich Euch in so gesetzwidrigen und unwürdigen Unternehmungen verwickelt finde."

„Hol' Euch der Teufel, Breteuil!" sagte der Herzog, zu seinem Begleiter gewendet. „Ich hatte Euch gesagt, wie Alles das ablaufen würde."

„Es ist noch nicht zu Ende," antwortete Jener.

„Nein, Ihr Herren," sagte Bernard March, „es ist noch nicht zu Ende. Wenn Ihr aber meinem Rathe folgen wollt, so werdet Ihr es so bald, wie möglich, zu Ende bringen, denn ich höre Sir Edward Langdale's Pferde über den Hügel kommen, und wenn er anlangt, so wird es mir nicht mehr möglich sein, Euch den Vorschlag zu machen, den ich jetzt aus Rücksicht für einige Mitglieder der Familie des edlen

Herzogs mache, die mir bei früheren Anlässen Güte bewiesen haben. Ich verlange, daß Ihr augenblicklich den Zügel der jungen Dame in meine Hand gebt, und so schnell weiter reitet, wie Ihr könnt. Ich werde den Befehl geben, daß die Barrikade vor Euch geöffnet wird, und hoffe, hinlänglichen Einfluß bei Sir Edward Langdale zu haben, um ihn zu bewegen, daß er Euch nicht verfolgt. Nehmt aber meinen Rath an, und wenn Ihr Euch das nächste Mal geneigt fühlt, eine junge Dame zu entführen, die, wie ich vermuthe, eine reiche Erbin ist, so bringt sie nicht eine Stunde weit von dem Hause ihres Vaters vorüber. Wenn Ihr einen Bogen und seine Sehne meßt, so werdet Ihr stets finden, daß die Sehne am kürzesten ist."

„Ventre saint gris!" rief der Mann, welcher Breteuil genannt worden war; „Ihr seid eine mächtig kaltblütige Person. Ich möchte Euren Namen wissen."

„Unsinn! Unsinn!" rief der Herzog, welcher den Hufschlag von Pferden schnell auf der Straße herankommen hörte. „Gebt ihm augenblicklich die junge Dame heraus und kommt weiter. Wir haben doch Euer Wort, daß wir unbelästigt durchkommen, Herr?"

„Das habt Ihr, wenn Ihr Euch beeilt," antwortete Bernard March. „Wenn Ihr Euch aber gaudet, bis Sir Edward Langdale herankommt, so stelle ich mir vor, daß Ihr keineswegs unbelästigt bleiben werdet, und der Weg von hier nach der Bastille ist nicht sehr weit."

Mit diesen Worten ging er an den beiden Führern vorüber und ergriff Lucy's Zügel, indem er hinzufügte: „Fürchtet Euch nicht, theure junge Dame. Dies wird Alles ruhig ablaufen, diese Herren haben keine Wahl."

„Kommt mit uns und sagt den Leuten, daß sie den Weg zwischen den Karren öffnen," sagte der Eine von den Männern, welche an Lucy's Seite geritten waren. „Ich möchte Euch gern eine Lehre geben, die Ihr nicht so leicht vergessen würdet, junger Bursche."

„Vielleicht könntet Ihr eine erhalten," antwortete Bernard March lachend. „Auf alle Fälle werde ich Euch mit Vergnügen Unterricht ertheilen, sobald Ihr es verlangt." Und hierauf fügte er mit strengerem Tone hinzu, da der Mann geneigt zu sein schien, zu zögern: „reitet augenblicklich vorwärts, sonst wird es Euch schlecht gehen."

Die ganze Schaar ritt hierauf den Weg entlang, und Bernard folgte ihr, indem er ruhig Lucy's Pferd führte und in freundlichen Tönen zu ihr sprach. An der Barrikade sahen der Herzog von B — und seine Begleiter, daß sie sich in einer weit gefährlicheren Lage befunden hatten, als sie sich vorstellten. Denn volle dreißig Mann, die sämmtlich Schießgewehre trugen, waren entweder hinter den Karren, oder auf dem Kirchhofe versammelt, und man sah noch Andere in voller Eile, wie Männer, die zu einer allgemeinen Versammlung zu spät kommen, den Weg herablaufen. Ein Wort vom Bernard March bewirkte jedoch, daß ein Theil der Barrikade hinweggeräumt wurde; da aber die Männer dahinter immer noch Schulter an Schulter standen, fügte er mit gebietender Stimme hinzu: „Laßt diese Herren durch! Die junge Dame ist vollkommen wohlbehalten hier. Zurück, Leute, ich habe ihnen Sicherheit versprochen!“

Er fand augenblicklich Gehorsam, aber offenbar mit Widerstreben, und Einer von den Leuten erlaubte sich zu sagen:

„Ach, Mr. Bernard, wenn wir ihnen nur eine Salve hätten geben können.“

„Wollt Ihr Eure junge Dame umbringen, Jaques?“ fragte March vorwurfsvoll.

„Ihr habt Recht, Herr, Ihr habt Recht,“ antwortete Jener. „Einer von uns hätte sie in der Dämmerung treffen können.“

„Hier kommt Euer Herr,“ sagte Bernard March. „Die Reiter sind kaum noch zu rechter Zeit durchgeschlüpft,“ und er gab Einem von den Leuten im Hintertreffen ein Zeichen und flüsterte ihm ein Wort zu, welches die Wirkung zu haben schien, augenblicklich fünf bis sechs von der Schaar hinwegzusenden.

„O, Mr. Bernard, wie kann ich Euch je danken?“ sagte Lucy, indem sie ihre Hand auf die seine legte, welche auf dem Sattelknopfe ihres Pferdes ruhte.

„Es sind keine Danksagungen nothwendig, liebe Dame,“ antwortete er. „Es erfordert nur einen scharfen Ritt und einige Kenntniß der Wege. Ich sah, wie diese Leute Euch zu Anfang schon mehr und mehr von Eurer Mutter trennten, und errieth bald, daß sie irgend einen Zweck im Auge hatten. Mein Pferd stand hinter den Bäumen bereit, und nachdem ich einmal auf seinem Rücken war, so konnte mich kein Pferd in ganz Frankreich einholen, ehe ich das Schloß erreichte. Ich schlüpfte unbemerkt in der Verwirrung davon, versammelte einige von den Dienern und Pächtern, ließ den Uebrigen sagen, daß sie uns folgen sollten und kam hierher, wo, wie ich wußte, diese Leute vorüber kommen mußten, wenn sie den Weg nach Paris einschlugen, da ich mit gutem Grunde glaubte, daß sie dies thun würden.“

„Aber woher habt Ihr eine solche Kenntniß der Wege?“ sagte Lucy. „Ihr verlaßt den Park doch nie.“

Bernard gab ihr keine directe Antwort, sondern sagte mit munterem Tone: „Hier kommt Euer Vater. Ihr müßt ihm Alles erklären, sonst denkt er vielleicht, daß ich selbst versucht habe, mit Euch davon zu laufen.“

Während er noch sprach, kam Sir Edward Langdale mit mehreren Dienern in vollem Galopp heran und im nächsten Moment war Lucy von ihrem Pferde gesprungen und in seinen Armen.

„O Vater," rief sie, „ich hatte gedacht, daß ich Dich oder die Mutter nie wieder sehen würde. Und es würde auch nicht geschehen sein, wenn nicht der Muth und die Güte Mr. Bernard's gewesen wäre, der diesen erbärmlichen Menschen den Weg hier abschnitt —"

„Ich weiß es, liebes Mädchen," sagte Sir Edward. „Der alte Robin theilte mir die Nachricht mit, die er für mich hinterlassen hat, und ich erkannte leicht seinen Plan, der, wie ich gestehen muß," fügte er mit etwas leiserer Stimme hinzu, „mehr der eines Generals wie der eines Hofmeisters war."

„Unter den Herren befindet sich Einer, Sir Edward, der eine Lection bedarf, die ich ihm geben muß," sagte Bernard. „Er ist ein alter Bekannter von mir und ich bin sehr bereit, ihm den Gefallen zu thun, besonders in der Ausübung meiner eigentlichen Functionen. Aber ich bin sehr erfreut, daß der Mademoiselle Lucy ein längerer Ritt erspart worden ist. Sie hat schon einen längeren gemacht, als sie erwartete. Würde es nicht am besten sein, wenn wir nach dem Schlosse zurückkehrten und diese guten Leute nach Hause schickten?"

Der Vorschlag wurde schnell angenommen; das treffliche Roß Mr. Bernard's war bald aus dem Kirchhofe gebracht, das Landvolk und die Dienerschaft schlugen den Heimweg ein und es wurden die gewohnten Libationen von gutem Wein dargebracht, um den kleinen Triumph zu feiern.

Wir müssen die Freude Lady Langdale's und der jüngeren Kinder über die Wiedererlangung Lucy's mit Stillschweigen übergehen. Natürlicher Weise war der Abend aber ein sehr froher. Mr. Bernard wollte sich zwar augenblicklich, nachdem er das Schloß erreicht hatte, mit demselben ernsten Gesicht, wie er es gewöhnlich trug, entfernen, aber Sir Edward ersuchte ihn dazubleiben; Lady Langdale befahl ihm scherzhaft das Gleiche, und Lucy rief warm, aber schüchtern: „bleibt, Mr. Bernard, und bringt den Abend bei uns zu. Ich würde mich kaum für gerettet halten, wenn Ihr nicht da seid."

„Ihr habt weit bessere Beschützer als mich, liebe junge Dame," antwortete Bernard March, während er seinen Blick zu den tiefen dunklen Augen erhob, die auf ihn schauten; „aber welcher Cavalier vermöchte den Befehlen einer Dame zu widerstehen?" und er verbeugte sich anmuthig gegen Lady Langdale.

Zwei bis drei Stunden vergingen vielleicht angenehmer als irgend eine seit Bernard's Ankunft zu Belaye. Die Ereignisse des Tages wurden mit Freimüthigkeit und selbst mit Heiterkeit besprochen, obgleich man auf Lady Langdale's Gesicht einen gewissen Grad von nachdenklichem Ernste sehen konnte. Und einmal bemerkte sie:

„Sagtest Du nicht, Lucy, daß Du Madame de Chevreuse's Namen hättest nennen hören? Wird das Weib nie aufhören, mich zu verfolgen?“

„Ich sollte meinen, daß sie genug Beschäftigung mit den Intriguen in Bezug auf die Heirath ihrer Tochter hätte,“ sagte Bernard March. Und er gab mit munterem Tone eine Skizze von den phantastischen und frivolen aber gefährlichen Complicationen, welche am Hofe der Hauptstadt vor sich gingen. Sir Edward Langdale blieb stumm, die Unterhaltung schlug bald eine andere Richtung ein; Bernard March spielte die Laute und sang ein heiteres Lied, das er der Gesellschaft am Morgen vorgetragen hatte, und der Abend schloß mit seltsamen Gefühlen in mehr als einem Herzen.

Als Lady Langdale sich erhob und mit ihrer Tochter und den jüngeren Kindern das Zimmer verließ, wollte sich Bernard March ebenfalls zurückziehen. Aber Sir Edward verhinderte ihn daran, indem er ihm seine Hand entgegenstreckte und sagte:

„Ich bin auf das Tiefste in Eurer Schuld. Aber ich möchte nicht davon sprechen, Mr. Bernard. Die Männer, welche uns heute Abend einen so schmählichen Streich spielten, sind offenbar vom höchsten Range. Ihr spracht davon, daß Ihr einem derselben eine Lehre geben wolltet. Wenn ich Euch recht verstehe, so werdet Ihr Jemand zu Eurer Begleitung brauchen, und ich hoffe, daß Ihr keinen Anderen darum ansprechen werdet als mich.“

„O nein, Sir Edward," entgegnete Master Bernard; „wenn mir der Mann in den Weg kommt, so werde ich ihn vielleicht züchtigen. Aber es ist weder für mich noch für Euch der Mühe werth, das Leben in einem erbärmlichen Streite mit einem elenden Knechte zu wagen. Euer Leben, mein lieber Herr, ist für Euren König und Euer Vaterland höchst werthvoll. Unglücklicher Weise ist die Zeit, Eurem gegenwärtigen König zu dienen, für jetzt vorüber. Sie kann wieder kommen — wenn nicht für ihn, doch für seinen Nachfolger, denn ich gestehe, daß ich große Befürchtungen hege. Spart Euch für diese Zeit auf, Sir, und wenn sie kommt, so rechnet auf mich als einen von Euren ergebensten Anhängern. Für jetzt kann Keiner von uns etwas thun."

Er sprach dies mit dem Tone eines Fürsten, drückte ruhig Sir Edward's Hand und verließ das Zimmer.

Fünftes Kapitel.

Sir Edward Langdale hatte seine Gewohnheit des Frühaufstehens beibehalten, und als er sich am Morgen nach dem kleinen Abenteuer des steinernen Tisches ankleidete, erinnerte er sich an verschiedenartige Umstände, die sich während des vorigen Abends ereignet hatten, und beschloß, Mr. Bernard einige Fragen vorzulegen, die er bisher zu stellen versäumt hatte. Die hauptsächlichste von diesen war die, warum der junge Mann den Leuten, welche Lucy zu entführen suchten, gestattet habe, sich in Frieden zu entfernen, während er sie der Wahrheit nach völlig in seiner Gewalt hielt. Daß ein guter Grund für dieses Benehmen vorhanden sei, bezweifelte er nicht, aber er wünschte eine vollständige Aufklärung, und seine Neugier war durch einige Punkte in dem Benehmen des jungen Mannes so erregt worden, daß er sich nicht eben geneigt fühlte, sich durch die bloße Höflichkeit länger von Erkundigungen über den wirklichen Stand seines Gastes zurückhalten zu lassen.

Wenn aber Sir Edward frühzeitig aufstand, so gab es Einen, der noch früher das Bett verlassen hatte. Mr. Bernard March war fort. Es wurde Sir Edward ein Billet eingehändigt, welches ihn blos benachrichtigte, daß Geschäfte von dringender Wichtigkeit Mr. March's Abwesenheit auf einige Tage erforderten, daß er aber so bald wie möglich zurückkehren würde. Die letztere Versicherung wurde durch den Umstand bestärkt, daß die Satteltaschen des jungen Mannes und ein großer Theil von seinen kleinen Kleidervorräthen in seinem Zimmer zurückgeblieben waren, und Sir Edward sah sich genöthigt, in Unwissenheit über Vieles, was stattgefunden hatte, zu bleiben.

Unterdessen wird es jedoch vielleicht wohlgethan sein, Mr. Bernard March zu folgen, nachdem er gegen Tagesanbruch die Thore des Schlosses verlassen hatte. Anfänglich ritt er allein, wobei er ruhig seinem schönen Pferde den Hals streichelte und zu ihm sprach, als ob das Thier ihn verstehen und ihm antworten könne. Ehe er aber noch eine halbe Stunde über das Dörfchen hinausgekommen war, [illegible] zeigten sich zwei Männer [illegible] [illegible] bald [illegible] sagte der jüngere Mann [illegible] dem er ihre ehrerbietigen Grüße erwiedert hatte, „habt Ihr Nachrichten erhalten?“

„Sie sind allerdings auf Paris zu geritten,“ antwortete der Mann, „aber ich denke, daß Ihr sie höchst wahrscheinlich irgendwo in der Nähe von Gien oder Montargis treffen werdet, denn man sagt, daß wahrscheinlich bald eine Schlacht in jener Gegend stattfinden werde, und natürlicher Weise werden sie dabei sein.“

„Das wußte ich nicht,“ antwortete Mr. Bernard trocken, und er ritt ohne weiteres Gespräch auf der Straße nach Paris weiter. Die beiden Männer folgten ihm mit schnellen, aber nicht sehr eiligen Schritten, und von Zeit zu Zeit hielt die ganze Gesellschaft ein Paar Minuten an, um die Pferde zu füttern, oder Erkundigungen in einem Landstraßenwirthshause einzuziehen. Das Resultat dieser Erkundigungen schien eine Veränderung ihrer Absicht zu sein, denn als sie noch etwa fünf Meilen von Paris entfernt waren, schlug der junge Mann mit seinen beiden Gefährten eine Straße zur Rechten ein, die in einen schönen Landstrich führte, welcher jetzt als das Departement der Seine und Loire bekannt ist. Auf dieser ritten sie, ohne mehr als einmal anzuhalten, bis zum Einbruch der Nacht vorwärts, und quartirten sich dann in einem kleinen Wirthshause in der Vorstadt des Städtchens Jargeau ein, wo der Wein ganz besonders gut ist, wenn der Leser Verlangen danach trägt, ihn zu versuchen. Es schienen in der Schenke weiter keine Reisende eingekehrt zu sein, und der Wirth wie die Wirthin waren hocherfreut über die unerwartete Ankunft von drei gut aussehenden Cavalieren. Sie hatten jedoch kaum so viel Zeit, um ihre Pferde einzustellen, und der Wirth konnte nicht einmal die Beschreibung beendigen, die er dem Mr. Bernard über die Stellung und die Bewegungen der königlichen Armee und der Truppen der Fronde gab, als die Gesellschaft durch eine Schaar von sechs Personen vermehrt wurde. Sie waren sämmtlich kräftig aussehende Männer auf ganz leidlichen Rossen, und mit guter — ja sogar zu guter Bewaffnung für andere als unruhige Zeiten und gefahrvolle Umstände versehen. Der erste, welcher abstieg, war ein nicht eben langer, aber kräftig gebauter Mann mit dem Auge eines Adlers. Er schritt bedächtig zu einer anderen Person hervor, die weit besser gekleidet war, als er, und der Führer der Gesellschaft zu sein schien, und hielt ihm den Steigbügel, während er abstieg.

„Seht zu, daß die Pferde gefüttert werden, Gaillard," sagte der Letztere.

„Ich bitte Eure Gnaden um Verzeihung," sagte der Mann, welchen er Gaillard nannte, „aber das ist nicht meine Stelle, Monsieur Goulard, das kommt den Stallknechten zu. Ich will Nichts mit anderem

Fleisch zu thun haben, als mit Menschenfleisch, obgleich ich heute Abend eine Omelette genießen werde, und die will ich mit eigenen Händen zubereiten, denn ich bin überzeugt, daß die Leute hier kein's machen können, welches für die Zähne eines Kammerdieners geeignet wäre."

„Nun, Ihr seid ein vormäuliger Bursche," sagte die Wirthin, die jetzt herausgekommen war. „Ich habe schon oft für bessere Männer gekocht, als für Euch, und sie Alle sagen, daß meine Omeletten die besten von der Welt wären."

„Ich werde heute Abend mit Euch um die Wette kochen," sagte der Kammerdiener, indem er mit den Fingern schnippte, „und ich wette um tausend, — das heißt um fünfzig Sous."

„O, eine Omelette, eine Omelette! Wir wollen Alle von den Omeletten essen!" riefen die anderen Cavaliere. „Macht Euch fertig."

„Ich wette auf Galliard," rief der Eine.

„Ich auf die Wirthin," rief ein Anderer.

„Zehn Kronen auf die Wirthin!" rief Monsieur Gowlard.

„Ich möchte wissen, wo zum Teufel er sie hernehmen will," murmelte Gaillard. „Nun, in die Küche, in die Küche! Kommt Ihr Herren Alle und seid von diesem Zweikampfe und meinem Triumphe Zeugen. Ich will sogar zugeben, daß der Madame Margot ihr Ehemann, der Wirth, beisteht und sie dennoch besiegen.

Ich bitte die Fremden einzuladen, denn dies wird ein ebenso ruhmvoller Tag sein, wie der von Rocrol. Hiermit zog er sein Wamms aus, schritt geradenwegs in die Küche des Wirthshauses und rief nach Schmorpfannen.

Die Uebrigen folgten — Bernard March mit seinem gewöhnlichen ernsthaften Benehmen, und die Uebrigen lachend und plaudernd und Wetten auf den Kammerdiener und die Wirthin machend.

Nun war die Küche eines französischen Provinzialwirthshauses in jenen Tagen etwas Eigenthümliches. Sie war ein großes Zimmer von beinahe dreißig Fuß im Geviert, mit einem riesenhaften Heerde und Kamin auf der einen Seite und einer Bank, die um drei Seiten des Heerdes lief, auf welcher sich zehn bis zwölf Personen niedersetzen konnten, ohne gebraten zu werden, selbst wenn die buche de Noël — das heißt drei Viertel einer Buche — dort brannte. Auf der anderen Seite des Zimmers zog sich ein großer Tisch zur Bedienung der Gäste hin, und diesem gegenüber befand sich ein reinlicher schneeweißer Küchenschrank von dickem Holz, hinter dem ein Gestell ungefähr wie eine Krippe mit Reihen von Töpfen und Pfannen, Tellern und Schüsseln versehen war, die, wie man hätte denken sollen, für die Küche eines Fürsten hingereicht haben würden. Von der niedrigen Decke hing ein hölzernes Instrument herab, welches ungefähr die Form eines Rechens hatte und aus starken Bohlen gemacht war, die kreuzweise übereinander liefen, und durch die Zwischenräume desselben sah man einen mächtigen Vorrath von verschiedenartigen Eßwaaren, Schinken, Zungen, rohen Hühnern, ein Dutzend verschiedene Arten von Würsten, außerdem lange Schnüre von Zwiebeln, Bündel von Suppenkräutern, ein Paar Haasen und eine ungeheuer große alte Gans, die sehr fett war, aber sehr zäh zu sein schien.

Die Gäste zerstreuten sich in verschiedene Gruppen und plauderten mit leisen, aber wie es schien, munteren Tönen mit einander, während Maitre Gaillard und die Wirthin umhereilten und Werkzeuge für den bevorstehenden Kampf suchten. Ein Paar dicke rothbäckige Mägde kamen ihrer Herrin zur Hilfe, und es wurde ein großer Korb mit schönen, frisch aussehenden Eiern herbeigebracht. Madame Margot schien Anfangs zuversichtlich genug und sogar entrüstet darüber zu sein, daß sie auf ihrem eigenen Kampfplatze herausgefordert wurde. Aber sie war augenscheinlich entschlossen, Alles für den Kampf in Ordnung zu haben, und sie beschäftigte sich so lange damit, das Feuer anzublasen, die Eier auszuwählen, die Schmorpfannen einzufetten und die Kräuter klein zu hacken; daß Einige von den Leuten sie zu necken anfingen und behaupteten, sie bebe vor dem Kampfe zurück.

Unterdessen hatte ein ruhiges, beinahe im Flüstertönen geführtes Gespräch zwischen Monsieur Goulard und unserem Freunde Bernard March begonnen, von welchem die übrigen Mitglieder der Gesellschaft nur wenig hörten, außer den Worten: „ich dachte mir es — es war in Sedan“ — „ja, kurz vor der Auswechselung“ — „natürlicher Weise seid Ihr durch Euere Ehre verpflichtet“ — „Ihr könnt es nicht bezweifeln.“

„Gütiger Himmel!“ rief die Wirthin beinahe kreischend, „der Mann will Wein an die Omelette thun!“

„Wein!“ rief Gaillard, indem er die Flasche hinsetzte, die er in der Hand hielt, „ich dachte, es wäre Oel.“

„Und das ist ebenso schlecht!“ rief Madame Margot, „wenn Ihr gute frische Butter hier ganz nahe bei der Hand habt.“

„Ich mache meine Omeletten stets nur in Oel,“ sagte Gaillard mit großartigem Tone.

„Dummes Zeug,“ rief die Wirthin; „hier nehmt die Schüssel und schlagt die Eier, Mann. Ich glaube wahrhaftig, daß Ihr gar Nichts davon versteht. Ei, Ihr werdet die Omelette mit den Kräutern vergiften, die Ihr hinein gethan habt. Wenigstens eine halbe Metze. Sie wird ja grasgrün werden.“

„Ihr irrt Euch,“ sagte Gaillard feierlich, „und darin zeigt Ihr Eure Unwissenheit in der großen Kunst der Küche. Ich will eine Omelette machen, die für die ganze Gesellschaft genügt, und nach der ersten Aggloneration der Eier mittelst der Gabel müssen noch zehn weitere percutirte hinzugefügt werden, um dem Ganzen Solidität und Succulanz zu geben."

Dies brachte die arme Madame Margot zum Schweigen, denn sie hatte in ihrem ganzen Leben noch nie so schöne Worte gehört; und sie ging umher, indem sie Etwas von Eier aussangen, um daraus Omeletten zu machen, murmelte und von Zeit zu Zeit mit leiser Stimme hinzufügte, daß sie den Mann für verrückt halte.

Endlich kam jedoch der große Moment der Prüfung heran. Die Eier waren geschlagen, in die Schmorpfannen geschüttet, und die beiden Gegner schritten auf den großen breiten Kamin zu, worin es jetzt mächtig loderte. Gaillard war auf der rechten Seite, und Madame Margot auf der linken; die Letztere briet ihre Omelette mit langgewohnter Geschicklichkeit eine Minute lang und trat darauf um ein Paar Schritte zurück, um es auf die feine Weise zu schütteln, welche die Omelette ziemlich in die Form eines aufgestülpten Hutes bringt und sie für den hungrigen Gast geeignet macht.

Alle hatten sich um das Kamin versammelt und beobachteten das Verfahren Monsieur Gaillard's mit komischer und etwas zweifelhafter Miene. Es schien den Meisten, daß er die Omelette viel zu stark röste. Es zischte und spritzelte und trieb große Wolken übelriechenden Dampfes empor. Endlich aber erhob er die Pfanne vom Feuer, und warf darauf mit einem Arme, der einen Ochsen hätte niederschmettern können, sein Gemisch in die Luft.

O, übel angewendete Energie! O mißbrauchte Kraft! Die Omelette schnellte zur Decke empor, schlug platschend dagegen und fiel mitten in das Feuer zurück.

„Verwünscht seien alle niedrigen Decken!“ rief Maître Gaillard.

„Die Decke ist nicht zu Euch herabgekommen, Mann,“ sagte Madame Margot.

Aber in diesem Momente öffnete sich die Küchenthüre, und ein langer gut aussehender Mann, der vollständig mit Schwert und Dolch, Brust- und Rückenharnisch bewaffnet war, trat von mehreren Anderen in militärischer Tracht gefolgt herein. Goulard und seine Begleiter zogen sich von dem Feuer zurück; Gaillard blickte über seine Schulter nach dem Eingetretenen, schleuderte mit einem mächtigen Schwunge die Schmorpfanne mit Fett und Allem mitten in die Flammen, schritt auf die Thüre zu, schloß den Fremden in seine Arme und rief:

„Ah, Monsieur de Marsin,“ willkommen, willkommen! Jetzt muß Alles in Ordnung sein, da ich Euch hier sehe.“

„Es ist Alles sicher, Eure königliche Hoheit,“ sagte de Marsin, indem er ihm die Hand küßte. „Ich habe vor der Thüre drei Compagnien bei mir, die

Euch einen Weg durchhauen würden, wenn selbst der Teufel mit allen seinen Truppen den Pfad versperrte. Aber ich muß gestehen, daß dies das tollste Unternehmen ist, welches Eure königliche Hoheit je gewagt hat — hundertundfünfzig Stunden weit durch ein feindliches Land und zwischen feindlichen Armeen hindurchzumarschiren, während Jules Mazarin eine Million Kronen für Euren Kopf gegeben haben würde."

„Ich werde den seinen vielleicht wohlfeiler erhalten, ehe ich fertig bin," entgegnete Maître Gaillard lachend, worauf er sich zu Bernard March wendete, seine Hand nahm und sagte: „Ihr müßt entschuldigen, daß ich nicht früher von Euch Notiz nahm. Ich habe so viele Beweise von Eurer Discretion gehabt, um nicht zu wissen, daß Ihr mich durch kein Wort oder Zeichen verrathen würdet, wenn Ihr mich auch vielleicht erkannt hättet."

Bernard March verbeugte sich tief und sagte: „Der Prinz Condé ist nie zu vergessen, wenn man ihn einmal gesehen hat. Es war in der That ein Geschäft mit Eurer Hoheit, welches mich hierher geführt hat; denn wenn Ihr es auch für seltsam halten möget, so ist doch trotz aller Vorsichtsmaßregeln, die Ihr getroffen, Eure Abreise aus dem Süden bereits Euren Feinden wie Euren Freunden im Norden wohlbekannt."

„Um so glücklicher, daß ich Beiden entwischt bin," antwortete Condé, „denn Freunde würden für mich ebenso unbequem gewesen sein, wie Feinde. Kommt aber mit mir in das Lager. Sobald ich ein Paar Worte mit Monsieur de Marsin gesprochen habe, wollen wir dort von Euren Geschäften reden, und ich werde vielleicht im Stande sein, Euch ein kleines Fest zu geben — einen Ball, oder ein Feuerwerk, oder irgend Etwas der Art."

Bernard March verbeugte sich und trat zurück. Aber der Prinz begab sich mit Monsieur de Marsin in ein kleines Schlafzimmer neben der Küche und blieb dort beinahe eine halbe Stunde in eifrigem Gespräch mit ihm. Unterdessen that die gute Wirthin, welche über den Gedanken, mit dem größten Kriegshelden des Jahrhunderts um die Wette Omeletten bereitet zu haben, ganz außer sich war, ihr Bestes, um Etwas für ihren fürstlichen Gast herzurichten. Condé's erste Worte nach seiner Rückkehr waren aber: „Zu Pferde, meine Herren, zu Pferde! Wenn Ihr ein warmes Abendbrod bedürft, so sollt Ihr es weiterhin haben."

Die Reise nach dem Hauptquartier der Armee des Prinzen war bald vollendet. Er und de Marsin ritten zuerst und die Uebrigen folgten ihnen; aber Bernard March fand weder unterwegs, noch in den ersten drei Tagen nach der Ankunft eine Gelegenheit zu einem Privatgespräch mit Condé. Sobald sie in de Marsin's Quartier anlangten, warf sich der Prinz in voller Kleidung auf ein Bett und lag nach wenigen Momenten in tiefem Schlafe. Am folgenden Morgen bei Tagesanbruch befand sich die Armee des Prinzen auf dem Marsche nach Montargis. Dann folgte die kurze Belagerung jener Stadt, wo Condé sich in Person dem Thore mit einem Trompeter an der Seite näherte, die Besatzung aufforderte, sich innerhalb einer Stunde zu ergeben, und mit der Uhr in der Hand wartete, bis die Schlüssel ihm abgeliefert wurden. Allerdings versprach er den Widerstand dadurch zu bestrafen, daß er jeden Bürger vor seiner eigenen Thür aufhinge, und die Bürger glaubten, daß er sehr wahrscheinlich Wort halten würde. So kam es, daß sie sich nicht lange besannen; die Citadelle, welche unermeßliche Vorräthe an Waffen und Kriegsbedarf enthielt, wurde mit der gleichen Leichtigkeit eingenommen, obgleich Condé es später in seinem scherzenden Tone das Wunder von Jericho zu nennen pflegte. Es ist wirklich eine bekannte Sache, daß einer von den Thürmen des Schlosses umfiel, während die Trompeten zur Uebergabe aufforderten, und die Besatzung genöthigt war, sich zu ergeben, obgleich sie vorher alle Zurüstungen für eine nachdrückliche Vertheidigung getroffen hatten.

So verstrich die Zeit. In den ersten drei bis vier Tagen nach dem Zusammentreffen Bernard March's mit dem Prinzen war es jedoch unmöglich, eine Privatzusammenkunft zu erhalten.

Sechstes Kapitel.

Es war eine sehr finstere Nacht. Der Mond war untergegangen, Wolken bedeckten die Sterne, ein tiefer Wald, der auf hüglichem Terrain gegen Westen stand, verbarg die letzten schwachen Strahlen, die noch aus jener Gegend kommen mochten, und eine Schaar von zehn bis fünfzehn Edelleuten, denen eine kleine Abtheilung Soldaten folgte, würden einige Schwierigkeit gehabt haben, ihren Weg zu finden, wenn nicht ein Mann auf einem munteren kleinen Esel sie mit vollkommener Sicherheit nicht blos auf der Landstraße, sondern auch auf den zahlreichen Nebenwegen geleitet hätte, die nach den verschiedenen Thälern der Nachbarschaft führten.

„Hört Ihr, den höchsten Hügel, Jacques Bonhomme," sagte der Prinz de Condé, welcher an der Spitze der Schaar ritt, dem Manne auf dem Esel. „Ich muß sehen, ob es möglich ist — aber wir werden bald Licht genug haben. Also, mein guter Freund," fuhr er zu Bernard March gewendet, welcher an seiner Seite ritt, fort, „wollt Ihr nicht einmal einen Küraß anlegen, obgleich ich Euch voraus sage, daß wir heiße Arbeit haben werden."

„Eure Hoheit weiß, daß ich mich an diesen Feindseligkeiten nicht betheiligen darf," entgegnete der junge Mann. „Ich komme nicht, um zu fechten, sondern blos um zuzuschauen."

„Wie, nur als Liebhaber?" lachte Condé. „Nun, wenn Ihr todt geschossen werdet, so erinnert Euch, daß die Schuld nicht an mir gelegen hat. Aber ich glaub wahrhaftig, daß der alte Hocquincourt schläft, sonst müßte er die eine oder andere unserer Abtheilungen längst ausfindig gemacht haben. Wir werden Mittel finden, um ihn aufmerksam zu machen. Gebt Eurem Bourique die Sporen, Alter."

Der Führer that, was ihm geboten wurde und sprengte vorwärts, bis er den Gipfel eines kleinen Berges erreichte, der, wie er behauptete, der höchste Punkt innerhalb fünf Stunden von Bleneau sei.

Hier machte die ganze Abtheilung Halt und schaute auf die Landschaft hinab. Eine große wellenförmige Ebene breitete sich von dem bereits erwähnten Waldgürtel mehrere Stunden weit gegen Süden und Osten hin, und zwischen dem Walde selbst und der Stelle, wo sich Condé's Abtheilung versammelt hatte, zogen sich einige offene Felder etwa anderthalb Stunden weit über einen sanften Abhang. Einige dunkle Flecken, die sich hier und da erhoben, und von Zeit zu Zeit die schwachen Umrisse einer Kirche, verkündeten die Lage verschiedener Dörfer. Aber das Licht war immer noch sehr dunkel, und der einzige Gegenstand, den man überhaupt deutlich sehen konnte, war ein kleiner Fluß, der schimmernd durch die Ebene unten hinzog.

Condé saß mit auf den Fluß gehefteten Augen etwa fünf Minuten lang vollkommen still; eine dunkle Masse schien über das Wasser zu gehen und verdunkelte seinen Schimmer an einer Stelle, nicht ganz eine Viertelstunde lang.

„Marsin ist hinüber,“ sagte der Prinz endlich, „und nun, meine Herren, denke ich, daß wir die Arbeit anfangen können. Feuert einen Carabiner ab und gebt einen Trompetenstoß.“

Im nächsten Moment vernahm man den Knall einer Flinte und dann das durchdringende Schmettern einer Trompete. Ein paar Sekunden darauf erschallte ein lauter wirrer Lärm von Trommeln, Cimbeln und Trompeten auf einer etwa dreihundert Schritt entfernten Stelle. Die gleichen Töne wurden dann an acht bis zehn Orten zur Rechten und Linken wiederholt und vermischten sich mit dem Donner von zwei bis drei Geschützen, dem knatternden Feuer des Kleingewehrs und einem abscheulichen Lärm von Menschenstimmen. Dann loderte plötzlich eine helle Flamme zur Linken empor und zeigte ein in Brand stehendes Dorf, in dessen Mitte der Kirchthurm deutlich zu erkennen war; ein zweites und drittes Dorf wurde angezündet und in erstaunlich kurzer Zeit war die ganze Ebene fast ebenso hell erleuchtet, als ob sie die Sonne beschienen und man sah verwirrte Flüchtlingsmassen in Schrecken und Unordnung aus den verschiedenen Dörfern, wo die königliche Armee im Quartier gelegen hatte, nach der Spitze eines über Sumpfland führenden Dammes eilen, während die kleinen, aber festgeschlossenen Schaaren der Reiter Condé's die Flüchtlinge verfolgten und unbarmherzig niederhieben.

„Ah, Monsieur d'Hocquincourt," sagte Condé lachend, während er auf das furchtbare, aber glänzende Schauspiel hinausblickte, „ich glaube, daß Ihr jetzt kein Quartier mehr haben werdet! Das wird Euch wohl lehren, Eure Leute dichter beisammen zu halten! Und nun, Ihr Herren, wo wir unseren Weg sehen können, werden wir am besten thun, uns selbst ein wenig an dieser Geschichte zu betheiligen. Man scheint dort an der tête de chaussée einigen Widerstand zu leisten. Wir wollen herumreiten und sie in der Flanke nehmen. Sie werden bald zerstreut sein, denn ich schwöre darauf, daß sie in schönem Schrecken sind."

Hiermit setzte er sein Pferd in einen scharfen Trab und ritt von den übrigen Herren und seiner kleinen Soldatenabtheilung gefolgt, den Hügel hinab nach einem Punkte am Ende des Chausseedammes, wo ein zerstreutes Musketenfeuer im Gange war, als ob der Marschall d'Hocquincourt auf diesem Punkte seine zerstreute Armee zu sammeln suche. Seine Leute wurden bald wieder von dem wüthenden Angriff des Prinzen Condé zerstreut, und der Verlust auf der royalistischen Seite würde weit größer gewesen sein, wenn nicht Turenne herangekommen und einigermaßen die Unvorsichtigkeit, womit Hocquincourt seine Quartiere zu weit auseinander gelegt hatte, dadurch wieder gut gemacht hätte, daß er den Rückzug der königlichen Streitkräfte nach Gien deckte.

Während dieser ganzen Scenen war Bernard March dicht neben dem Prinzen hingeritten, ohne auch nur mit Schutzwaffen versehen zu sein, wie sie die Gewohnheiten jener Zeit erforderten — thörigte und lächerliche Gewohnheiten, die selbst in unserer Zeit noch nicht gänzlich verbannt sind, obgleich Jedermann weiß, daß seit der Einführung der Feuerwaffen der Stahl keine Schutzwehr, nur eine Belästigung ist. Trotzdem war, wie gesagt, der junge Bernard March vollkommen unbewaffnet, denn er hatte sein Schwert und selbst seine Pistolen zurückgelassen und ritt munter und sorglos dahin, vermied keine Gefahr und plauderte so kaltblütig mit seinem großen kühnen Gefährten, als ob er mit ihm an der Speisetafel gesessen hätte.

Turenne rückte jedoch, wie erwähnt, mit überlegenen Streitkräften heran, stellte seine Kanonen so auf, daß er den Chausseedamm bestrich, und rettete die Ueberbleibsel der königlichen Armee. Condé hatte aber bereits Alles erlangt, was er wünschte oder erwartete. Sämmtliche vorgeschobenen Posten des Feindes waren weggenommen worden und der Weg nach Paris stand offen. In jener Zeit verstand und übte man die Kriegswissenschaft ganz anders, als in der unseren. Eine große Niederlage umfaßte nicht eine unbedingte Vernichtung für die eine Seite oder einen unbedingten Erfolg für die andere, und obgleich die Kühnheit des militairischen Geistes oft genug entwickelt wurde, so gab es doch stets Auskunftsmittel der Kriegswissenschaft, zu denen man seine Zuflucht nehmen konnte.

Der Tag brach an, die Trompeten riefen zum Sammeln und der Prinz nebst Gourville, Bernard March und ein paar Anderen schlugen den Weg nach Bleneau ein, der kleinen Stadt, wo Hocquincourt die Nacht zuvor geschlafen hatte. Es war ein trüber Morgen und es hing einer von den nebligen Sprühregen in der Luft, welche Schottland als eine ganz besondere Eigenthümlichkeit zugeschrieben werden, die aber von Zeit zu Zeit jedes Land vom Nordpol bis zum

Indus plagen. Bernard March hielt sich ohne Mühe an der Seite des Prinzen, obgleich sie schnell ritten, und fand eine Gelegenheit, um zu sagen:

„Ich fürchte, Hoheit, daß Ihr vergessen habt, daß ich ein kleines Geschäft mit Euch hatte.“

„Ja wohl. Aber ich habe die Hände sehr voll gehabt, mein guter Freund. Was ist es? Laßt mich es hören. Ich hoffe zu Gott, daß Ihr nicht von mir verlangen wollt, eine alte Schuld zu bezahlen, denn ich denke, daß dies nach der Arbeit der vergangenen Nacht das Einzige ist, was ich nicht thun kann.“

„Sicherlich nicht das,“ sagte Bernard, „denn ich fürchte, daß ich keine Ansprüche auf Eure Hoheit habe, sonst würdet Ihr ohne Zweifel auch Mittel finden, diese Sache in's Reine zu bringen. Gestern früh kamen aber der Herzog von L—, der Marquis de Breteuil und Monsieur de Villeneuve in Euer Lager bei Montargis. Diese drei Herren mit einer kleinen Abtheilung ihrer Leute haben vor einigen Tagen eine junge Dame, gegen deren Vater ich Verbindlichkeiten habe, gegen ihren Willen entführt, und wurden von mir aufgehalten, als sie mit ihr davon reiten wollten. Der Herzog, der Euer Blutsverwandter ist, steht natürlicher Weise zu hoch, als daß ich mich mit ihm einlassen möchte, und überdies,“ fügte er, lächelnd hinzu, „stelle ich mich nicht als Kämpen schöner Damen auf; Monsieur de Breteuil mag daher ebenfalls unbeachtet bleiben. Aber Monsieur de Villeneuve brauchte bei jenem Anlasse unangenehme Reden gegen mich und ich versprach ihm eine Lehre zu geben. Ich bin deshalb hierhergekommen, um sie ihm zu ertheilen, wollte es jedoch nicht ohne die Erlaubniß Eurer Hoheit bewerkstelligen."

„Ihr werdet den armen Teufel umbringen," sagte Condé, „und ich werde einen guten Soldaten verlieren."

„Nein, das werde ich nicht," antwortete Bernard March. „Ich glaube, daß er ein guter Fechter ist, und ich wünsche ihn nur ein wenig in der Höflichkeit zu unterrichten."

„Ich fürchte, daß dies eine rauhe Lehre sein würde, mein guter Freund," erwiederte Condé; „aber ich kann mich von Villeneuve nicht trennen. Er ist einer von meinen besten Leuten. Wenn ich einen Mann brauche, der mit dem Kopfe gegen einen Pfosten rennen soll, so schicke ich nach Villeneuve; wenn ich Einen brauche, der sich gefangen nehmen lassen und dem Feinde falsche Nachrichten geben soll, so lasse ich Villeneuve kommen; wenn man ihn an die Spitze eines Reiterfähnleins stellt, so wird er sich gewiß in eine Patsche reiten, ehe der Tag vorüber ist und die ganze Zeit über denken lassen, daß er einer von den strategischsten und geschicktesten Anführern sei, die je gelebt haben. Ihr müßt mir Villeneuve nicht rauben, mein guter Freund."

„Nur auf etwa eine Woche, bis er wieder genesen ist," antwortete Bernard March.

„Bis er wieder genesen ist? Nein, nein," sagte der Prinz. „Erlaubt mir den Versuch zu machen, die Geschichte in Ordnung zu bringen — eine schriftliche Entschuldigung gegen die junge Dame wird genügen."

„Das wird schwerlich für mich zufriedenstellend sein. Aber ich unterwerfe mich dem Willen Eurer Hoheit," entgegnete Bernard March. „Ich bezweifle jedoch, daß Ihr Monsieur de Villeneuve bewegen werdet, die Entschuldigung zu geben, und hoffe nur, daß Ihr die Sache beschleunigen werdet, denn wie ich höre, ist die Pest hinter uns ausgebrochen und es drängt mich, zurückzukehren."

„Um Euch davon anstecken zu lassen?" fragte Condé lachend.

„Ich bin mitten darin aufgewachsen," antwortete der junge Mann, „während der König in Oxford war und wir im Felde standen. Ich habe mich ganz an die häßliche Creatur gewöhnt, und da sie mir nie Schaden gethan hat, so habe ich alle Furcht davor verloren. Ich muß aber für einige Freunde sorgen, die ihre Manieren nicht so gut kennen, wie ich."

Auf diese Weise ritten sie dahin und unterhielten sich über verschiedenartige Gegenstände, bis sie Montargis erreichten, wo der Prinz von Condé seinem jungen Begleiter sagte, daß er in seinem Quartier auf ihn warten möge, und einen Diener abschickte, um Monsieur de Villeneuve vor sich zu rufen.

Etwa zehn Minuten darauf trat der junge Edelmann, welcher an Lucy's Seite postirt worden war, als sie von dem steinernen Tische hinweggeführt wurde, mit dem munteren leichtsinnigen Wesen, welches damals der junge französische Adel affectirte, in das Zimmer des Prinzen im Schlosse.

„Setzt Euch, Monsieur de Villeneuve," sagte der Prinz. „Ich habe für Euch eine ziemlich unangenehme Botschaft von einem jungen englischen Edelmann."

„O," rief Villeneuve mit hochmüthigem Tone, „ich kenne keine Engländer, Euer Hoheit. Ich kann die Geschöpfe nicht leiden und pflege ihren Umgang nicht."

„Dieser junge Mann scheint geneigt, Euch zu zwingen, ihn kennen zu lernen," antwortete der Prinz ernsthaft, „und die Sache muß mit größerem Ernst behandelt werden, Monsieur de Villeneuve."

„Sicherlich, gnädiger Herr," antwortete Jener immer noch mit einem höhnischen Lächeln. „Aber wie mag wohl dieser achtbare Herr heißen?"

Condé schwieg nachdenklich einen Moment, und der Leser hat vielleicht bemerkt — wie es Viele von den Offizieren und Untergebenen des Prinzen ebenfalls gethan hatten — daß Condé bei seinen Gesprächen Bernard March nie einen Namen beilegte, sondern ihn blos „mein guter Freund," oder „mein guter Herr" nannte. Endlich antwortete er: „Auf seinen Namen kommt nichts an. Und die Wahrheit zu gestehen, weiß ich nicht recht, wie er sich nennen zu lassen beliebt.“

„Meiner Treu, Euer Hoheit, ich denke, daß es auf seinen Namen ankommt,“ antwortete Villeneuve dreist. „Ich glaube nicht, daß ich mich herablassen werde, mich mit einem Manne zu schlagen, dessen Namen ich nicht weiß — denn dies ist vermuthlich der Zweck dieser Botschaft.“

Condé's Gesicht röthete sich tief und er antwortete scharf:

„Herablassen! Er ist es, der sich herabläßt! Er ist Euch in jeder Hinsicht überlegen.“

„Er wird mir vielleicht im Gebrauch der Klinge nicht überlegen sein,“ antwortete der junge Edelmann.

Aber Condé brach in ein lautes Gelächter aus. „Er ist ohne Ausnahme der beste Fechter in Europa,“ sagte er. „Ich habe ihn Martini, den berühmten italienischen Fechtmeister, bei dem dritten Gange entwaffnen sehen.“

Villeneuve schwieg, aber das Gesicht des Prinzen veränderte sich, seine Stirn wurde düster und streng, seine Lippen preßten sich aufeinander und alle Spuren seiner Heiterkeit verschwanden. „Ihr habt Euch erkühnt,“ sagte er, „von Herablassung gegen einen Herrn zu reden, von dem ich Euch eine Botschaft mitgetheilt habe. Mit ihm werdet Ihr Euch benehmen, wie er es für angemessen hält, aber jetzt spreche ich für mich selbst. Ihr werdet eine vollständige und hinlängliche Entschuldigung gegen die junge Dame schreiben, die Ihr in Gesellschaft mit Monsieur de Breteuil entführt habt, oder—"

Villeneuve war ein kühner und selbst verwegener Mann, und obgleich er unverkennbare Zeichen eines stolzen Zornes auf dem Gesicht des Prinzen bemerkte, und ihm wohlbekannt war, was dieser Zorn bei Condé zu bedeuten hatte, konnte er sich doch nicht enthalten, zu fragen:

„Oder was, Euer Hoheit?"

„Oder Ihr verlaßt mein Lager augenblicklich," sagte Condé mit lautem strengen Tone, „und von diesem Augenblicke an seid Ihr nicht mehr mein Freund, sondern mein Feind."

Villeneuve erhob sich und stand offenbar sehr bewegt vor dem Prinzen. Er zögerte einige Momente schweigend und sagte dann mit leisem ehrerbietigem Tone:

„Ich kann Euer Hoheit nicht verlassen! Wenn die Folgen irgend etwas anderes gewesen wären, so würde ich mir lieber die Hand abgehauen haben, als zu schreiben, was Ihr verlangt. So aber gehe ich, um zu gehorchen."

„Ihr thut Recht daran," sagte Condé, dessen Zorn sich nur wenig gemildert hatte. „Vergeßt nicht, daß die Entschuldigung vollständig und umfassend sein muß."

Villeneuve verbeugte sich und zog sich zurück. Condé

setzte sich nieder und schlug zwei bis drei Minuten lang in anscheinend nicht sehr angenehmer Laune mit dem einen schweren Stiefel gegen den anderen, worauf er sagte: „es ist Zeit, daß ich etwas Schlaf genieße,“ einen Kammerdiener aus dem Vorzimmer rief, seinen Küraß abnahm, seine übrigen Waffen bei Seite legte und sich auf das Bett warf, welches damals in fast jedem Zimmer eines französischen Hauses zu finden war, indem er den Befehl ertheilte, ihn vor zwei Stunden nicht zu stören.

Nach Ablauf dieser Zeit erhob er sich, ohne gerufen worden zu sein — unterhielt sich ein paar Minuten mit Gourville und einigen anderen Herren, die auf ihn gewartet hatten, empfing einen Brief, den er las und in die Tasche steckte, und schlenderte dann ruhig nach dem Thorthurme des alten Schlosses, welches in einiger Entfernung von seinem Quartiere lag. Er schritt ohne sich melden zu lassen hinein, blieb aber ein paar Minuten auf der Treppe stehen, da er eine sehr schöne Stimme singen hörte.

„Er ist ein ungewöhnlicher Mann,“ sagte Condé vor sich hin. Dann stieg er vollends hinauf, trat in das Zimmer Bernard March's und händigte diesem den Brief, welchen er empfangen hatte, ein.

„Das ist umfassend und hinlänglich,“ sagte er. „Nun, gebt mir Euer Wort, mein guter Freund, daß Ihr den Streit nicht weiter verfolgen wollt.“

Bernard March las das Papier, welches das Couvert enthielt, legte es dann wieder zusammen und sagte:

„Es giebt mir keine Entschuldigung für die kränkenden Worte, welche er angewendet hat, Euer Hoheit. Aber meine Privatgenugthuung unterwerfe ich natürlicher Weise Eurem Belieben. Ich werde morgen früh das Lager verlassen, denn wenn dieser Herr und ich wieder zusammentreffen, so werden wir uns schwerlich in Frieden trennen.“

„Nun, wenn Ihr gehen müßt, so thut es,“ antwortete der Prinz in seinem gewohnten rauhen Tone. „Aber ich sehe nicht ein, warum nicht diese Geschichte zwischen Euch und Monsieur de Villeneuve beigelegt sein soll, oder warum Ihr nicht hierbleiben und Euch der Partei des Prinzen anschließen wollt. Das Land ist beinahe ganz gleich getheilt und wir müssen schließlich den Sieg behalten, denn wir kämpfen für die ewigen Rechte der Franzosen gegen einen italienischen Günstling, der von einem ausländischen Weibe unterstützt wird.“

Bernard March schüttelte den Kopf.

„Warum nicht? warum nicht?“ rief Condó hastig.

„Euer König ist im vergangenen August mündig geworden,“ erwiederte Bernard March. „Hochverrath, Euer Hoheit — Hochverrath!“

Der Prinz blickte etwas düster zu Boden und antwortete sodann:

„Es ist noch etwas mehr, mein guter Freund.

Wir haben schon vor langer Zeit die ganze Geschichte vom Hochverrath gewußt. Aber was läßt Euch denken, daß wir nicht den Sieg behalten werden? Ihr habt noch etwas mehr auf dem Herzen."

„Sehr viel," antwortete Bernard March. „Aber ich könnte vielleicht zu offen sprechen, und Euer Hoheit ist nicht gewohnt, die offene Wahrheit ruhig anzuhören."

„Fahrt fort, fahrt fort," sagte Condé kopfnickend, „ich will ruhig wie eine Taube sein und nur Euch ein wenig in die Hände picken, wenn Ihr mir die Flügel zu fest haltet."

„Nun wohl," antwortete der junge Mann. „Ihr habt zu bedenken, daß Ihr erstlich gegen Euch einen italienischen Fuchs habt, mit einem weit schärferen Witze als das Schwert, das an Eurer Seite hängt, und sodann habt Ihr gegen Euch einen französischen Wolf mit nicht weniger List und weit mehr Haß."

„Ihr meint Gondi," sagte Condé, aber Bernard March fuhr fort, ohne direct zu antworten:

„Dann habt Ihr ferner, wenn ich einen anscheinend anomalen Ausdruck anwenden darf, einen schwachen, aber mächtigen Freund. Schwach zu allen guten Zwecken, mächtig zu allen schlechten, der durch seine Stellung mit ungeheurer Gewalt bekleidet, aber durch seinen Charakter unfähig ist, sie in gerader und ehrlicher Richtung anzuwenden — einen Prinzen, dessen Freunde nicht Vorkämpfer sind, sondern ihm eher folgen, als vor ihm hinschreiten, die eher die falschen Schritte, die er gethan hat, verwischen, als Pfade zum Erfolg bahnen, und die die Axt an ihrem Halse tragen, statt in ihren Händen."

„Gaston! Gaston!" sagte Condé sehr bewegt. „Das Bild ist nur zu wahr — man kann es nicht verkennen!"

„Ueberdies giebt es eine erzürnte Dame," fuhr Bernard fort, „die sich nicht leicht beschwichtigen lassen wird. Aber Eure eigene Partei ist der schlimmste Mangel in der Lage Eurer Hoheit."

„Was fehlt unserer Partei?" rief Condé, indem er unmuthig aufsprang.

„Daß kein einziges Mitglied derselben einen Grundsatz irgend einer Art besitzt," antwortete Bernard March sehr ernst.

„Sacre bleu! Den hat auch keine Partei in England!" rief Condé.

„Euer Hoheit wird mir verzeihen," antwortete Bernard March. „Aber es ist ein großer Unterschied vorhanden. Eigenwille, Eitelkeit und Mangel an Einigkeit haben die Majestät von England in's Verderben gestürzt. Aber die royalistische Partei hat stets ein Vereinigungsband besessen — eine hingebende Loyalität. Die Rebellen oder Parlamentaristen, wie man sie nennt, sind eine Zeit lang sehr gespalten gewesen, aber es giebt bei ihnen ein Vereinigungsband, welches einige ihrer Führer nicht ermangelt haben, zu entdecken und zu benutzen — den Fanatismus, gnädiger Prinz, und dieser ist die furchtbarste Kraft, welcher je die Leidenschaften der Menschen auf dieser Welt in Bewegung gesetzt hat. Hier sehe ich nur ein Gefühl, welches von Dauer sein kann — Ehrerbietung für das königliche Ansehen. Aber ich darf Euch nicht in dem Glauben lassen, daß ich nur von Euren Aussichten auf Erfolg bestimmt werde. Ich habe von allen Parteien in einem fremden Lande Güte, Gastlichkeit und Freundschaft erfahren und es würde mir meiner Ansicht nach nicht anstehen, mein Schwert gegen die Krone zu ziehen, die mich lange beschützt hat, obgleich in diesen unruhigen Zeiten mir ihre Gunst vielleicht nothwendiger Weise entzogen worden ist."

„Ich ziehe mein Schwert nicht gegen die Krone," rief der Prinz heftig, „sondern gegen einen italienischen Schelm." Und er drehte sich auf den Absatz um und verließ das Zimmer. Mit jedem Schritte wurde er jedoch ernster und fühlte vielleicht, daß in den harten Worten, die er vernommen hatte, sehr viel Wahres lag.

Siebentes Kapitel.

Ehe am folgenden Morgen noch das Zwielicht den Himmel färbte, waren die Pferde Bernard March's gesattelt und vor der Thür. Die beiden Diener, die ihn begleitet hatten und sich jetzt anschickten, mit ihm abzureisen, bemerkten in seinem Benehmen nichts Beachtenswerthes, und er pfiff ein paar Tacte einer italienischen Melodie, als er den Fuß in den Steigbügel setzte und sich in den Sattel schwang.

Die Straßen von Montargis waren bis auf die kleine Schaar selbst und einem Mann zu Fuß, der vor ihr hinging, vollkommen leer. Letzterer aber blickte von Zeit zu Zeit über seine Schulter, als ob er gegen die drei Männer, welche ihm folgten, einigen Verdacht hege.

Bernard March ritt sehr langsam, klopfte seinem Pferde den Hals und sprach zu ihm, und als einer von den Männern ihn erinnerte, daß sie einen weiten Weg vor sich hätten, antwortete der junge Mann nur:

„Um so mehr Grund, die Pferde zu Anfang der Reise zu schonen.“

Die Sonne ging eben auf, als sie das Thor hinter sich ließen. Der Fußreisende schritt jedoch immer noch vor ihnen hin, und sie verloren ihn nicht eher aus dem Gesicht, als bis sie ziemlich eine Stunde weit geritten waren, wo er in den Wald einzubiegen schien und verschwand. Da, wo er ihnen aus den Augen kam, zeigte sich der Eingang eines schmalen Fußpfades und an der Ecke ein Markstein mit halb verwischten Buchstaben auf zwei Seiten. Nachdem Bernard March fünf bis sechs Schritte über diesen Stein hinausgekommen war, zog er den Zügel an und sprang zur Erde.

„Hier, Ralph, nehmt mein Pferd,“ sagte er im gewöhnlichen Tone, „und reitet vorwärts bis an den ersten Kreuzweg. Man hat mir gesagt, daß er etwa eine halbe Viertelstunde weiter hin sei. Ich werde in ein paar Minuten nachkommen.“

Der Mann nahm den Zügel, welchen ihm sein Herr hinhielt, aber beide Diener blickten den jungen Mann etwas zweifelhaft an und er mußte sanft wiederholen: „reitet voraus, meine guten Burschen,“ ehe sie einen Schritt thaten.

Sie wagten es jedoch nicht, ihm den Gehorsam zu versagen und Bernard March schlug den schmalen

Pfad in den Wald ein. Er war sehr eng und die Aeste der alten Bäume, die sich zu Häupten verschränkten, machten das schwache Morgenlicht nur um so düsterer. Bernard schritt langsam mit ernster Miene dahin und schlug nachlässig die Spitzen von einigen der Waldkräuter ab, die den Pfad bekränzten, bis endlich nach vielleicht ein paar hundert Schritten die Bäume etwas mehr auseinander traten und eine kleine Wiese, die nicht größer war als das Gärtchen eines Bauernhauses, sich vor ihm aufthat. Es war ein hinlänglich feucht und düster aussehender Ort an der Stelle, die dem Punkte, wo Bernard eingetreten war, gegenüber lag, von einem schmalen mit Wasserkresse bedeckten Bache begrenzt und dicht mit langem thauigen Grase bedeckt. Es schien kein besonders angenehmes Ruheplätzchen zu sein, aber auf der entgegengesetzten Seite am Ufer des Baches saß der Fremde, welcher vor dem jungen Reisenden Montargis verlassen hatte.

„Guten Morgen, Monsieur de Villeneuve,“ sagte Bernard March. „Ich glaube, daß wir Beide ein wenig vor unserer Zeit kommen.“

„Es ist besser, zu früh zu kommen als zu spät,“ antwortete Villeneuve in ziemlich rauhem Tone. „Es wird bald hell genug sein. Wo sind Eure Leute? Ihr habt Euch gestern Abend dazu verstanden, allein zu kommen.“ Bei diesen Worten musterte er die anscheinend zarte Gestalt Bernard March's vom Kopf bis zu den Füßen, blickte mit einem gewissen Grade von Verachtung auf seine zarten Hände, spitz zulaufende Finger und kleinen Füße und murmelte vor sich etwas hin, wie: „mich mit einem Weibe schlagen!“

„Ich bin allein gekommen, Monsieur de Villeneuve,“ antwortete Bernard March. „Meine Leute sind jetzt bereits eine halbe Viertelstunde weiter auf der Straße; aber Ihr werdet bemerken, daß ich noch zwanzig bis fünfundzwanzig Stunden in dieser Richtung zu machen habe, nachdem ich mit Euch diesen Morgen meine Sache zur Ausgleichung gebracht, und daß es daher Zeit und Mühe sparte, meine Diener eine Strecke weit mitzubringen — so daß ich zwei Fliegen mit einer Klappe schlug, Monsieur de Villeneuve.“

Die Redefigur war keine besonders angenehme und Monsieur de Villeneuve rief mit zornigem Tone: „Sacre matin!“ Er faßte sich indessen augenblicklich wieder und sagte ruhiger: „auf alle Fälle ist es hell genug, um unsere Waffen messen zu können, und da Ihr Eile habt, so werden wir am besten thun, wenn wir anfangen. Hier ist mein Degen; wie lang ist der Eure?“

„Ich glaube, daß er etwas kürzer ist,“ sagte Bernard March, indem er die Klinge aus der Scheide zog, „aber es ist mir vollkommen gleich.“

„Bei Gott, Ihr scheint sehr zuversichtlich zu sein, junger Mann,“ rief Villeneuve, der jetzt anfing, einige

Zweifel in Bezug auf den Ausgang der Sache, auf die er sich eingelassen hatte, zu hegen.

Bernard March antwortete jedoch nichts, sondern legte nur seine Klinge an die seines Gegners, die um beinahe zwei Zoll länger war.

„Das ist nicht ganz billig gegen Euch, Herr," sagte Villeneuve offen.

„O, ganz billig," antwortete Bernard March, indem er seinen Degen wieder in die Scheide steckte und sich in der Nähe der Stelle niederließ, wo Jener gesessen hatte, „zwei Zoll machen in manchen Dingen einen ziemlichen Unterschied, aber keinen großen in einem Degen, wenn man ihn zu führen versteht. Ich denke, daß wir in fünf Minuten Licht genug haben werden. Erlaubt mir aber, vorher ein paar Worte zu Euch zu sagen," und er deutete auf einen Maulwurfshaufen an seiner Seite, wie um den Andern einzuladen, sich zu setzen.

Villeneuve setzte sich sofort nieder, denn es giebt eine gewisse Art der Miene und des Wesens, welche zu gebieten scheint, und Bernard March besaß diese in vollem Maße. „Ihr werdet Euch erinnern, Monsieur de Villeneuve," sagte er, „daß ich die Sache nicht gesucht habe. Als Ihr mich gestern Abend auf der Straße in Montargis anredetet, sagte ich Euch, daß ich Sr. Hoheit dem Prinzen versprochen habe, mich mit dem von ihm getroffenen Arrangement zu begnügen und daß ich befriedigt sei. Ihr verlangt etwas Weiteres und deshalb bin ich auf Euer Ansuchen hier mit Euch zusammengetroffen. Ich wünsche weiter Nichts, als dies Eurer Erinnerung vollkommen einzuprägen."

„Es ist nicht vergessen," antwortete Villeneuve mit etwas höhnischem Tone; „aber Ihr habt einmal versprochen, mir eine Lehre zu geben und ich kann diesem Vortheil nicht entsagen, denn natürlicher Weise betrachtete ich es als einen solchen."

„Ich denke, daß es dies sein wird," antwortete Bernard March vollkommen ruhig, „und es wird Euch vielleicht zwei Dinge lehren. Erstens, daß es nicht immer sicher ist, eine junge Dame gegen ihren Willen zu entführen, und zweitens, daß es stets gefährlich ist, einen Fremden mit Verachtung zu behandeln, weil Ihr Euch für einen etwas besseren Mann haltet. Die Sonne steigt aber höher und ich habe einen weiten Ritt vor mir."

„Gott weiß," sagte Villeneuve, „daß Einer von uns meiner Ansicht nach heute nicht weit reiten wird."

Er sprach in einem gereizten Tone, aber Bernard March antwortete nur: „wir werden am besten thun, wenn wir das Terrain untersuchen. Es scheint mir in einem sehr schlechten und schlüpfrigen Zustande zu sein." Mit diesen Worten stand er auf und schritt von Norden nach Osten und von Osten nach Westen über die kleine Wiese, wobei er vor sich niederblickte, um zu sehen, ob in der schwammigen Oberfläche weiche Stellen vorkämen.

Die Sonne war jetzt vollständig über den Horizont heraufgestiegen, das Licht indeß immer noch auf der Wiese ziemlich schwach, denn die Bäume waren auf allen Seiten hoch und verdeckten die Morgenstrahlen vollständig.

Endlich blieb Bernard in der Mitte der Wiese stehen, warf Hut und Mantel von sich und zog den Degen. „Nun, Monsieur de Villeneuve,“ sagte er, „ich bin bereit, sobald es Euch beliebt.“ Zu gleicher Zeit begrüßte er ihn nach der damaligen Sitte der Duellanten auf höfliche Weise. Villeneuve befolgte das Beispiel seines Gegners, aber mit geringerer Anmuth, und die Wahrheit zu gestehen, mit einigen schlimmen Ahnungen.

„Seid auf Eurer Hut,“ rief er, als er Bernard March seinen Degen nach dem Gruße ziemlich nachlässig halten sah und er that einen halben Ausfall gegen seine Brust, nur um den jungen Engländer aus seiner Kaltblütigkeit zu wecken. Seiner Klinge begegnete aber augenblicklich die des jungen Fremden, der sie mit einer geringen Handbewegung an seiner Schulter vorüber lenkte. Bernard March hielt es kaum für nothwendig, seine Haltung zu verändern, und hielt sich einige Momente lang blos auf der Defensive, indem er die schnellen hitzigen Stöße seines Gegners mit einer solchen Leichtigkeit parirte, als ob er gespielt hätte, bis Villeneuve völlig athemlos zwei bis drei Schritte weit zurückwich, indem er fortwährend das Auge vorsichtig auf seinen Gegner geheftet hielt.

„Wenn Ihr mich entschuldigen wollt, Monsieur de Villeneuve,“ sagte Bernard March, „so werdet Ihr diese Fechtweise zu ändern haben. Ihr krümmt das Handgelenk zu sehr und gebt Eure Schulter sehr oft bloß.“

„Ich denke das nicht,“ antwortete Villeneuve scharf. „Trefft sie, wenn Ihr könnt.“ Im nächsten Moment war sein Degen wieder mit dem des jungen Engländers gekreuzt, dann folgten ein paar äußerst heftige Ausfälle und darauf wich Villeneuve zurück, dem das Blut von der Schulter bis zu den Fingerspitzen herabströmte.

„Nehmt Euch Zeit, Monsieur de Villeneuve,“ sagte Bernard March, „ich hatte Euch gesagt, daß Ihr Eure Schulter bloßgebt.“

„Nichts als ein Ritz,“ murrte Villeneuve. „Seid Ihr ein Fechtmeister?“

„Im gegenwärtigen Falle denke ich, daß ich einer bin,“ sagte Bernard March. „Ihr habt die erste Lection erhalten. Wenn Ihr die zweite verlangt, so stehe ich ganz zu Eurer Verfügung, nachdem Ihr Euch ein wenig ausgeruht haben werdet. Ich gebe Euch mein Ehrenwort, daß ich hier stehen bleibe, ohne mich zu bewegen.“

Vielleicht war diese Wahrnehmung vollkommener Ruhe für den armen Villeneuve aufreizender, als eine absolute Beleidigung. Aber er hatte wirklich bereits eine Lection erhalten, und während er ausruhte und seinen Gegner anblickte, beschloß er beim nächsten Angriff vorsichtiger zu sein. Die Vorsätze sind sehr schöne Dinge, wenn wir sie ausführen können, aber Villeneuve vergaß gleich Anfangs den seinen so weit, daß er mit Bernard March den Degen kreuzte, ehe er noch vollständig wieder zu Athem gekommen war. Der junge Engländer benutzte seinen Vortheil jedoch nicht, sondern parirte die Ausfälle seines Gegners mit einem ruhigen Lächeln, ohne sie ihm zu erwiedern, bis endlich ein besser gerichteter Stoß Villeneuve's Degenspitze der Brust seines jungen Gegners bis auf ein paar Zoll nahe brachte. Er ritzte ihn weder, noch berührte er sein Wams, aber dies zeigte Bernard March, daß es Zeit sei, dem Kampfe ein Ende zu machen. Bei dem nächsten Gange erhielt Villeneuve eine zweite, aber tiefere und schwerere Wunde in die Schulter, und beim nächstfolgenden flog sein Degen in die Luft. Bernard March erfaßte ihn ruhig beim Griffe, als er wieder herabfiel, und senkte die Spitze dieser Waffe, sowie seine eigene.

„Monsieur de Villeneuve," sagte er mit seiner gewohnten ruhigen Weise, „ich habe jetzt gegen Euch mein Wort gehalten und denke nicht, daß Ihr von mir erwarten könnt, noch länger hier zu bleiben. Indem ich Euch Euren Degen zurückgebe, weiß ich, daß Ihr ein zu guter Edelmann und Ehrenmann seid, um ihn gegen mich zu brauchen, wenn ich Euch sage, daß ich von dieser Affaire genug gehabt habe."

„Wenn Ihr genug davon habt, so sollte ich wahrhaftig auch genug davon haben," sagte Villeneuve in einem höflicheren Tone, als er bis dahin angewendet hatte. „Ich wollte nur, Ihr nähmet mein Taschentuch aus meiner rechten Tasche und ständet mir bei, meinen Arm zu verbinden, denn das Blut beschmutzt mich über und über."

„Von Herzen gern," antwortete Bernard March. „Die Blutung wird Euch überdies schwächen, und ich will daher mein Bestes thun, um sie zu unterdrücken, obgleich ich kein guter Wundarzt bin."

Mit diesen Worten zog er das Taschentuch des Verwundeten heraus und half ihn nach besten Kräften, der Blutung, welche bedeutend war, Einhalt zu thun.

„Ihr habt diesen Stoß über den Arm haben wollen, Monsieur de Villeneuve," sagte er. „Ich konnte es nicht ändern."

„Es ist vom Anfang bis zu Ende meine eigene einfältige Schuld," sagte Villeneuve. „Der Prinz hat Recht gehabt, als er mir sagte, daß Ihr der beste Fechter in Europa seid."

„Nein, nein, nicht ganz," antwortete Bernard March, „und Ihr würdet ebenfalls ein guter Fechter sein, wenn Ihr mehr Geduld haben und einige Lectionen von einem guten italienischen Lehrer nehmen wolltet."

„O, Geduld, Geduld!" antwortete Jener, „sie ist das, was ich in meinem ganzen Leben nie gehabt habe, und daß Ihr so verdammt ruhig waret, machte mich nur um so ungeduldiger."

„Ich stamme von einem kaltblütigen Volke," antwortete Bernard March lachend, „und habe in meinem kurzen Leben genug gesehen, um den heißesten Blutstropfen in meinem Körper abzukühlen."

„Nun, nun," sagte Villeneuve, „wir wollen einander die Hände schütteln, ehe wir uns trennen, und Freunde sein, wenn wir uns wieder treffen. Ich werde am besten thun, mich nach Hause zu begeben und diese Wunde gehörig verbinden zu lassen, denn sie fängt an, sehr steif zu werden."

„Könnt Ihr allein nach Hause kommen?" fragte Bernard March. „Es wird vielleicht besser sein, wenn ich einen von meinen Leuten mit Euch schicke."

„Nein, nein," antwortete Jener, „es wird schon recht gut gehen. Ich bin weder ein Weib, noch ein Kind, um über den Verlust von Blut ohnmächtig zu werden; legt mir nur den Mantel über die Schulter, damit mir die Jungen nicht nachlaufen, und begleitet mich bis an's Ende des Pfades."

Der Waldpfad war, wie wir bereits erzählt haben, nicht sehr lang, und als sie auf die Landstraße hinauskamen, waren die beiden Leute Bernard March's nicht zu sehen. Monsieur de Villeneuve erklärte jedoch, daß er ganz gut in die Stadt zurück kommen könne, und trennte sich von seinem vorherigen Gegner, als ob er ein alter Freund gewesen wäre. Es ist wunderbar, wie das Unvermeidliche unsere Ansichten und selbst unsere Handlungen umwandelt. Wir kämpfen und widerstehen und beißen und kratzen so lange, als wir uns einbilden, daß die geringste Aussicht auf Erfolg vorhanden sei; sobald wir aber finden, daß eine zu starke Hand auf uns liegt, trösten wir uns mit dem alten Sprichwort: Glücklich ist, wer vergißt, was nicht mehr zu ändern ist, und ertragen es mit gutem Muthe, wenn wir nicht gerade Thoren sind.

Es war jedoch gegenwärtig Villeneuve's einziger Gedanke, wie er in die Stadt und auf sein Zimmer kommen solle, ohne gesehen zu werden, und da es noch so früh am Morgen war, dachte er, daß er gute Aussicht habe, Niemand als Bereiter zu sehen. Er war indeß auch hierin zu einer Täuschung seiner Erwartungen bestimmt. Auf der kleinen Esplanade vor dem Schlosse, über die er gehen mußte, fand er den Prinzen Condé, den Herzog de la Rochefoucault, Gourville und mehrere Andere. Man fiel ihn bald mit witzigen Ausfällen über seinen frühen Spaziergang und beschmutzten Hut und Mantel an, aber der Prinz fragte endlich:

„Wo seid Ihr gewesen, Villeneuve, und was habt Ihr gethan?"

„Nicht sehr weit, Euer Hoheit," antwortete Villeneuve; „ich habe eine Tanzlection genommen, und sie ist eine ziemlich scharfe gewesen.“

Er stand sehr nahe bei dem Prinzen, während er dies sagte, und zog jetzt seinen Mantel theilweise zurück und zeigte ihm seinen verwundeten Arm. Condé, der augenblicklich errathen, was vorgefallen war, lachte laut auf, und Villeneuve war froh, als er nach seinen Gemächern entschlüpfen konnte.

Achtes Kapitel.

Bernard March ging zu Fuße weiter, bis er sein Pferd und seine Dienerschaft fand, die an der bestimmten Stelle auf ihn warteten. Dann stieg er auf und setzte seine Reise fort, ohne weitere Notiz von dem Abenteuer zu nehmen, wobei er betheiligt gewesen war. Die Diener, welche nicht ohne Besorgniß gewesen waren, überzeugten sich bald, daß ihr junger Herr keine Verletzung davon getragen hatte, und dies genügte ihnen. Sie waren gewohnt, ihre Neugier in Bezug auf seine Angelegenheiten zu zügeln und ihm ohne weitere Fragen zu gehorchen.

Die Gesellschaft ritt schneller dahin, als zu Anfang der Reise, dennoch wurden aber die Pferde nicht über einen ruhigen Trab angestrengt, und kurz nach zwölf Uhr kamen sie an ein kleines Wirthshaus, wo sie einkehrten, um Erfrischungen einzunehmen. Der

Himmel, welcher den Morgen über trübe und dunstig gewesen war und die zweideutige Färbung gezeigt hatte, die sich sowohl in einen schweren Regen auflösen, wie dem hellen Sonnenschein Raum geben konnte, hatte die letztere Alternative gewählt, und ein kühler frischer Wind hatte die Dünste des Morgens zu großen weißen Wolken aufgerollt, die langsam und großartig am Himmel dahinsegelten und wie die Geisterthrone aussehen, von denen wir in den morgenländischen Mährchen lesen. Es war, kurz gesagt, ein schöner Tag, dessen sich Jeder erfreuen konnte, der weder Kummer, noch Krankheit auf den Schultern lasten hatte; aber Bernard March bemerkte, daß sowohl der Wirth, wie die Wirthin, obgleich sie höflich und aufmerksam waren, doch eine Miene von Unbehaglichkeit und Zerstreutheit zeigten, die man selten bei einem französischen Wirthe wahrnimmt. Die kräftigen Mägde waren geschäftig wie immer, aber dem Wirthe lag augenscheinlich Etwas auf dem Herzen, und endlich fragte Bernard geradezu, ob ihm irgend ein Unfall zugestoßen sei.

„O, nein, nein, Herr," antwortete der Mann mit einem scheuen Blick, „nichts Ungewöhnliches. Mir ist neulich eine Kuh gestorben."

„Gott, Mathieu," rief die Wirthin, die sich im Hörbereich befand, „wie kannst Du nur so reden. Die Wahrheit zu gestehen, Herr, kommt uns die Pest viel zu nahe. Sie herrscht sehr stark in dem nächsten Dorfe draußen. Ihr werdet am besten thun, schnell hindurch zu reiten, wenn Ihr uns verlaßt, denn die Luft des Ortes ist vergiftet."

„Was ist das für ein großes Haus oder Schloß, das ich in der Ferne gesehen habe?" fragte Bernard, ohne im Geringsten über den Bericht von der Pest bestürzt zu erscheinen. „Liegt das Dorf, von dem Ihr sprecht, am Fuße des Hügels?"

„O, Gott behüte Euch, Herr, nein," antwortete die Wirthin, „jenes Schloß liegt weiter entfernt als Ihr denkt. Das Dorf Montmarie, von dem ich sprach, liegt keine Viertelstunde weit und jenes Schloß beinahe zehn. Es ist das schöne alte Schloß Mirepoix, das in den Zeiten König Heinrich II. erbaut worden sein soll. Es ist ein schönes altes steinernes Gebäude, an dem alle Thürgewände mit curiosen Bildern von Frucht- und Blumenguirlanden verziert sind. Ich bin dicht unter jenem Schlosse geboren. Aber so viel weiß ich, wenn die Pest uns näher kommt, so werde ich nach Montargis gehen, sobald ich nur meinen Mann dazu bewegen kann, mich zu begleiten. Wo die Pest herrscht, nützt es nichts, ein Wirthshaus zu halten."

Bernard March widersprach ihr nicht, sondern aß sein Mittagsbrod, bezahlte seine Rechnung und reiste ab, sobald die Pferde ihr Futter verzehrt hatten. Ein Ritt von etwa anderthalb Stunden brachte die ganze

Gesellschaft in das Dörfchen Montmarie, wo sich die Zeichen der Pest schon am Eingange wahrnehmbar machten. Sie sahen verschlossene Häuser, vernahmen Wehklagen und selbst lautes Geschrei, und hier und da lief ein Mann oder ein Weib mit aufeinander gepreßten Lippen und glanzlosen Augen vor ihnen hin, als fliehe er vor einem unsichtbaren Schrecknis. Und doch fehlte es dem Orte nicht an Lustigkeit, denn die Töne einer Geige erschallten, und auf dem kleinen Platze vor dem Brunnen tanzte eine Gruppe von Personen jedes Alters mit einer rasenden Lebhaftigkeit.

Bernard und sein Begleiter spornten ihre Pferde so schnell wie möglich durch das Dorf und befanden sich bald außerhalb seiner Grenzen. Aber unterwegs bemerkten sie, daß sich die Wolken schwer über ihren Köpfen zusammenballten und daß Alles ein heftiges Gewitter zum Beschluß des Tages verhieß, und der junge Mann behielt den schnelleren Schritt, den er jetzt gewählt hatte, bei, da er die Nacht zu Mirepoix zuzubringen gedachte und diesen Ort vor Beginn des Regens zu erreichen hoffte. Der Sturm begann jedoch, als er noch anderthalb Stunden von Mirepoix entfernt war, indessen nicht in der Art, wie er es erwartet hatte. Es breiteten sich große Flächen von Gewitterschein über die Landschaft, und von Zeit zu Zeit züngelte ein blendender Blitz über den Himmel, aber es fiel kein Regentropfen, bis er und seine Leute beinahe den Fuß des Hügels erreicht hatten. Dann begannen schwere Tropfen zu fallen, die große Flecken auf den staubigen Hälsen der Pferde machten, während die tiefgehenden schwarzen Wolken, die sich vor ihnen bis zu dem Horizont hinab erstreckten, einen Regenguß verhießen, wie man ihn selten gesehen hat, seit Noah seine Arche erbaute.

Die Straße schien gerade vorwärts ohne Biegung nach der einen oder anderen Seite zu führen, und es ließ sich nicht bezweifeln, daß sie sich auf dem rechten Wege befanden. Aber der einzige Gegenstand, welcher ein Dorf verkündete, war ein einsames Bauernhaus, das sie fest verschlossen fanden und wo weder an einer Thür noch an einem Fenster Zutritt zu erlangen war. Vier- bis fünfhundert Schritte weiter befand sich ein Kreuzweg, wo sich vier Straßen theilten, mit einem Wegweiser, dessen Arme vor Kurzem ausgebessert waren, so daß man mit leichter Mühe auf dem einen derselben die Worte lesen konnte: „Nach Montmarie vier Stunden, nach Belaye acht Stunden, nach Mirepoix eine Viertelstunde." Es gab keine andere Wahl als Mirepoix. Montmarie war keineswegs ein angenehmer Aufenthaltsort; Belaye war mit Rücksicht auf das Aussehen des Himmels und der bereits gefallenen Tropfen zu weit entfernt, und Mirepoix lag zu nahe, um ein Bedenken zu gestatten, welches Unterkommen es auch gewähren mochte. Bernard March ließ sein Pferd sofort diesen Pfad einschlagen, berührte es leise mit der Ferse und erhob den Zügel, und das gute Thier schoß den Hügel hinauf, um den sich die Straße schlängelte, als ob es sofort die Nothwendigkeit der Eile begreife und die Absichten seines Herrn errathe. Es war jetzt beinahe sechs Uhr, die Sonne und der Horizont waren zusammengetroffen und die Wolken warfen ein unnatürliches Dunkel über die Landschaft. Aber Bernard March's Augen waren gut, und obgleich er sich nach allen Seiten umschaute, konnte er doch keine Hütte, kein Bauernhaus, keinen Ort des Unterkommens wahrnehmen. Die Straße ging geradewegs auf ein paar phantastische alte Eisenthore zu, die an den Seiten Pfeiler hatten, welche mit schönen Arabesken bedeckt waren, deren Arbeit augenscheinlich aus dem 14. oder 15. Jahrhundert herrührte. Hinter denselben befand sich ein kleiner offener Raum, als ob er dazu gelassen worden sei, um dort Pferde wenden zu können. Jenseits desselben zeigte sich aber keine Spur eines Pfades. Die Mauern und Anlagen hatten ein sehr verfallenes Aussehen, und die Bäume, die ehemals offenbar gut gehalten und zu steifen Formen geschnitten gewesen waren, standen jetzt ausgewachsen und zackig da, während am Fuße der alten Mauern, die die Einfriedigung bildeten, eine Menge herabgefallene Steine lagen, und wilde Sträucher den ewigen Triumph der Natur über die Kunst durch ihre ausgestreckten Zweige verkündeten.

Bernard March hielt vor dem alten Thore an und blickte nach einem Hause empor, welches etwas höher auf dem Hügel lag und in dem Halbdunkel in den ungeheuren Verhältnissen eines der Gebäude früherer Tage emporragte.

„Wir müssen auf alle Fälle hinaufreiten," sagte er. „In einem der Fenster ist Licht zu sehen, und man wird uns in einer solchen Nacht gewiß nicht ein Unterkommen versagen. Ich hatte gehört, daß das Haus vollkommen verlassen sei, aber es muß Jemand hier sein. Oeffnet das Thor, wenn Ihr könnt, Ralph, der Regen wird bald sehr heftig werden, und da ich nur ein Wams habe, so möchte ich es wahrhaftig so trocken wie möglich halten."

Der Mann ritt gehorsam vorwärts, das Thor wurde ohne Mühe geöffnet und die ganze Gesellschaft ritt hinein und nach dem Hause hinauf, wo sie sicher war, irgend ein Unterkommen für sich und ihre Pferde unter einem der vielen Thorwege oder Säulengänge zu finden, die sie von der Stelle aus sehen konnten, wo sie sich befanden. Es war sicherlich ein Licht in einem der Fenster zu sehen, und als sie dem Hause näher kamen, erschien ein zweites in einem anderen Theile des Gebäudes.

„Wir werden auf alle Fälle Jemand finden," sagte Bernard March; „wahrscheinlich einen Bauer, der hineingesetzt worden ist, um den Ort zu schnellerem

Verfall zu verhelfen, um diese schönen Arabesken zu Baumaterial für einen neuen Schornstein zu benutzen, oder um die behauenen Friese und Simse zu Scheunenstützen und Schleifsteinen hinwegzuschleppen."

Nach etwa dreihundert Schritten kamen sie zu der Esplanade oder Terrasse mit ihren Vasen und Statuen, und Bernard March sprang zur Erde, warf seinem Pferde den Zügel über den Hals und schritt auf die große Thür zu, die sich noch in sehr gutem Zustande befand, und wo der große eingekerbte Ring und die eiserne Raspel noch an ihren ursprünglichen Ketten hingen. Er benutzte diese jedoch nicht, sondern klopfte heftig mit seinem Degenknopf an, worauf sofort eine Stimme „herein!" rief.

Bernard March trat ein und fand ein großes prächtiges Zimmer, das nur schwach von ein paar Wachslichtern erleuchtet war, die in einem der neben dem Kaminsims in die Wand befestigten Kandelaber steckten. Was ihn aber am meisten überraschte, war, daß er vor sich an einem Marmortisch in der Mitte des Saales keinen anderen Menschen sah, als Sir Edward Langdale selbst.

Das Gesicht des Ritters erhellte sich, als er seinen jungen Gast erblickte, und er kam auf ihn zu und schüttelte ihm warm die Hand.

„O, Master Bernard, Master Bernard!" sagte

er; „ich fürchte, daß Ihr mir einen Streich gespielt habt. Wo seid Ihr die vergangene Woche gewesen?"

„Ich bin in Montargis gewesen, Sir," antwortete Bernard March. „Ich hatte das Glück, als Zuschauer bei der Schlacht von Bleneau zugegen zu sein, und sah, wie sämmtliche Quartiere des Marschall Hocquincourt eines nach dem andern auf die meisterhafteste Weise von dem Prinzen Condé weggenommen wurden."

„Und ist das Alles?" fragte Sir Edward.

„Nicht ganz, Sir," antwortete Bernard March. „Ich habe Euch einen Brief zu übergeben. Er ist an Mademoiselle de Langdale gerichtet, es wird aber am besten sein, wenn ihr Vater ihr denselben übergiebt."

Bei diesen Worten zog er das Entschuldigungsschreiben heraus, welches Villeneuve geschrieben hatte, und überreichte es dem Sir Edward, der es zwei Mal durchlas und dann in die Tasche steckte, indem er sagte:

„Ich will es abgeben, aber es thut mir leid, Bernard, daß Ihr die Sache selbst auf Euch genommen habt. Mir würde es besser angestanden haben."

„Verzeiht, Sir," antwortete Bernard March. „Ich hatte nur wenig mit dieser Sache zu thun. Seine Hoheit der Prinz von Condé hat mir den Brief übergeben."

„Nun antwortet mir mit Ehrlichkeit und Wahrheit, Bernard March," sagte Sir Edward. „Habt Ihr Euer Leben in Gefahr gesetzt oder nicht, um diese Entschuldigung zu erlangen?"

„Nein, Sir, das habe ich nicht gethan," antwortete Bernard March. „Ich erzählte die Thatsache dem Prinzen Condé und er bestand darauf, daß der Brief geschrieben wurde. Aber —" er hielt inne und zauderte, und seine Wange röthete sich einigermaßen. Dann fügte er aber offen hinzu: „ich darf Euch nicht täuschen, Sir Edward, Monsieur de Villeneuve und ich haben wegen einiger Worte, die er an mich richtete, ein kleines Geschäft abzumachen gehabt. Ich hatte ihm versprochen, ihm eine Lection zu geben, und diese habe ich ihm ertheilt, nachdem jene Entschuldigung geschrieben war und vollkommen unabhängig von derselben."

„Habt Ihr ihn getödtet?" fragte Sir Edward mit sehr ernstem Tone.

„O nein," antwortete Bernard March lächelnd, „ich hätte ihn um die Welt nicht tödten mögen. Er scheint mir ein ganz guter junger Mann zu sein, wenn er auch heftig ist. Ich hätte ihn mit einer Wunde durchschlüpfen lassen, wenn er sich damit begnügt hätte, aber er wollte eine zweite haben — keine von beiden war jedoch mehr als ein Ritz und er wird in ein paar Tagen wieder ganz wohl sein. Wahrscheinlich würde ich ihn vielleicht gar nicht verwundet haben, wenn es mich nicht gedrängt hätte, nach Belaye zu kommen, weshalb ich keine Zeit zu langen Fechtpartien wegzuwerfen hatte."

„Ohne Zweifel seid Ihr überrascht, mich hier zu

finden," sagte Sir Edward. „Wer hat Euch hierher gewiesen?"

„Ich hatte nicht die geringste Idee, daß Ihr hier wäret, bis ich jene Thür öffnete," antwortete Bernard March. „Ich bin mit zwei Männern, die mich begleiteten (und die, wie ich fürchte, jetzt draußen sehr naß werden) nur deshalb hierher gekommen, um gegen den Sturm ein Obdach zu suchen. Hört nur, wie es gießt! Können sie die Pferde irgendwo einstellen, Sir Edward?"

„Ganz gewiß," antwortete der Ritter. „Hinter dem Hause befinden sich gute Stallungen, obgleich sie etwas verfallen sind. Wartet, ich will Euch begleiten und den Leuten ihre Weisungen ertheilen."

Die beiden Männer ertheilten bald den Befehl, nach den großen Stallungen herumzugehen, welche sich gewöhnlich bei jedem damaligen Edelhause in Frankreich befanden, und sodann die Küche aufzusuchen, sich zu trocknen und Erfrischungen geben zu lassen.

„Sie werden Heu die Fülle in den Ställen finden," sagte Sir Edward. „Was den Hafer betrifft, so fürchte ich, daß es keinen giebt, denn wir hatten keine Zeit, ihn mitzubringen, und da ich noch keine halbe Stunde hier bin, sind wir nicht im Stande gewesen, ihn von dem Bauernhof heraufholen zu lassen."

„Ihr seid also in Eile hierhergekommen?" sagte Bernard, als sie wieder in den Saal traten.

Sir Edward schüttelte sehr ernst den Kopf.

„Wir sind allerdings in großer Eile hergekommen,“ sagte er mit trübem Tone. „Die Sache ist die, Bernard, daß die Pest sich in Belaye gezeigt hat, und es ist ein Glück, daß Ihr hier Eure Reise unterbrochen habt. Zwei von unsern Dienern sind heute früh gestorben. Sie waren mehrere Tage lang krank gewesen, und der einfältige alte Doctor wollte die Wahrheit nicht eher gestehen, als bis die Leute todt waren. Ich hatte das häßliche Ungethüm noch nie gesehen und konnte nicht über die Symptome urtheilen.“

„Ich habe es häufig genug gesehen,“ antwortete Bernard March, „und ich habe mehr als einen Pestkranken bis zu seiner Genesung gepflegt. Ihr habt Lady Langdale und Eure Familie also wohl mitgebracht?“

„Sie sind Alle im oberen Stock,“ antwortete Sir Edward, „und suchen irgend einen Ort, wo sie übernachten können, denn das Haus ist, wie Ihr an diesem Saale sehen könnt, nahezu, wo nicht gänzlich, ohne Möbel. Aber der wenige Hausrath, den wir hier haben, ist auf Saumpferden von uns mitgebracht worden. Die Unterhaltung dieses Schlosses ist für unsere Mittel zu kostspielig, wie es für die meines Vorgängers gewesen war, der es vor seinem Tode sehr verfallen ließ. Während der Minderjährigkeit Lucy's hat es noch mehr gelitten. Seitdem habe ich oftmals die Absicht gehabt, es ausbessern zu lassen, aber die Unruhen dieser trüben Zeiten, und die Nothwendigkeit, Alles, was ich irgend entbehren konnte, zur Unterstützung der Sache des Königs beizutragen, haben mich verhindert, meine Absichten auszuführen."

Er schwieg und versank in Gedanken. Ein Ausdruck tiefen Trübsinns zog über sein Gesicht. Dieser Ausdruck wurde einen Moment darauf erklärt.

„Guter Gott, Bernard," sagte er, „ich hoffe, daß keines von den Kindern von dieser furchtbaren Krankheit angesteckt sein wird."

„Ich hoffe nicht, Sir Edward," antwortete Bernard March, „aber man hat mir gesagt, daß sie häufiger erwachsene Leute und zwar solche von robuster Constitution anfällt. Jetzt sind sie doch Alle wohl?"

„Ganz wohl, ganz wohl," antwortete Sir Edward. „Aber still, hier kommt Lady Langdale."

Im nächsten Momente trat Lucette mit der ruhigen heitern Miene, die sie bei alle den Wechselfällen, welche ihr Jugendleben begleitet hatten, nie verloren hatte, in das Zimmer. Ihr Erstaunen bei dem Anblick Bernard March's war sehr groß, aber sie war erfreut, ihn zu sehen, denn er hatte während des letzten Monats im großen Maße ihre Zuneigung gewonnen, und sie dachte, daß seine Gesellschaft für ihren Gatten, den sie bisher noch nie der Besorgniß hatte weichen sehen, ein Trost und eine Stütze sein würde. Lucy und die drei Knaben vermehrten bald darauf die Gesellschaft, und alle die kleinen Vorkehrungen, die sie getroffen hatten, um es sich für die Nacht bequem zu machen, wurden mit heiteren scherzenden Tönen erzählt. Lady Langdale zerbrach sich allerdings einigermaßen den Kopf über den Ort, wo sie Master Bernard unterbringen solle, als er aber entdeckte, worin die Schwierigkeit bestand, deutete er lächelnd auf den Fußboden und sagte:

„Auf diesem Fußboden, liebe Dame. Ich habe so manche Nacht ebenso hart gelegen.“

„Nein, nein,“ sagte einer von den Knaben, der sich an Bernard geschmiegt hatte, „gebt ihm mein Bett, ich kann auf einem Stuhle schlafen.“

Die jungen Leute waren offenbar sämmtlich hocherfreut, ihn wieder bei sich zu haben, und Lucy, deren dunkle Augen sich erhellten und deren Wange eine leise Röthe färbte, dankte ihm ausführlicher, als sie es vorher gethan, für ihre Befreiung von den Leuten, welche sie entführt hatten.

„Du wirst ihm noch mehr zu Dank verpflichtet sein, Lucy,“ sagte ihr Vater, „denn er hat auf die eine oder andere Weise diese schriftliche Entschuldigung von dem Marquis de Villeneuve zu erlangen gewußt,“ und er übergab ihr das Document. Lucy las es, und während ihre Mutter es ihr aus der Hand nahm, um ein Gleiches zu thun und die Knaben sich herumdrängten, um es zu sehen, blickte das arme Mädchen mit bleicher Wange und etwas unschlüssigem Wesen den jungen Mann ängstlich an und sagte: „ich hoffe, Master Bernard, daß Ihr ihn nicht durch — durch Gewalt gezwungen habt, dies zu schreiben.“

„O Himmel, nein,“ antwortete Bernard, „ich habe blos die Umstände gegen den Prinzen von Condé erwähnt, und er bestand darauf, daß die Entschuldigung dargebracht würde. Villeneuve ist einer seiner Officiere und war genöthigt, zu gehorchen.“

„Das macht mich sehr glücklich,“ antwortete Lucy; „aber ich möchte um die ganze Welt nicht, daß Ihr für mich in Gefahr liefet. Es ist traurig genug, daß die Männer ihr Leben so oft für ihren König und ihr Vaterland auf's Spiel setzen müssen, ohne daß sie es noch für jeden kleinen Zwist zu thun brauchen.“

Sir Edward Langdale lächelte und blickte Bernard March bedeutsam an, indem er sagte:

„Ich fürchte, Lucy, daß Du nicht zu einer Soldatenfrau passen würdest.“

„Ach ja, das würde sie, Edward,“ sagte Lady Langdale. „Wo es die Ehre oder Nothwendigkeit erfordert, würde Lucy keinen Versuch machen, irgend Jemand, den sie liebte, davon abzuhalten, dem Ruf zu gehorchen. Sie ist Deine leibliche Tochter, Edward, und kann ebenso fest sein wie Du, wenn es noth thut.“

Das Vertrauen der Mutter zu dem Charakter ihres Kindes sollte bald auf eine traurige Weise geprüft werden. Der Abend verging ruhig, vielleicht sogar heiter. Der folgende Tag brach hell und lächelnd an, und wenn die Familie auch die Nähe der Pest nicht vergessen konnte, dachte sie doch weniger daran, als am Tage zuvor. Es wurden verschiedenartige Einrichtungen mit den benachbarten Bauern getroffen, um ihren neuen Aufenthaltsort für die Zeit, wo sie ihn bewohnten, behaglich zu machen, und die Beschäftigung lenkte wenigstens auf einige Zeit die Gedanken ab. Jener Tag verstrich ebenfalls in Ruhe, aber der nächstfolgende sollte ein anderes Schauspiel darbieten.

Neuntes Kapitel.

Es ist wunderbar, was Geschicklichkeit, Thätigkeit und Geschmack thun können, um Behaglichkeit aus Unbequemlichkeit, Nettigkeit aus Unordnung hervorzuzaubern. Am Tage nach Bernard March's Ankunft in Mirepoix war die größte Verwandlung mit dem alten Schlosse vorgegangen, und Bernard selbst war, ohne daß Jemand wußte wie, das Herz und die Seele aller Vorkehrungen geworden. Er war voll heiterer Lebhaftigkeit, brachte dieses und jenes und noch anderes in Ordnung, stellte hier verschiedene Möbel im Salon zurecht, sorgte dort mit Sir Edward's Erlaubniß dafür, daß gehörige Vorkehrungen für die Pferde getroffen wurden, und sah schließlich darauf, daß vollständig dafür gesorgt wurde, daß die Familie ihre Lebensmittel erhielt, ohne weit darnach schicken zu müssen. Er war ein ganz anderes Wesen als der junge Mann, welcher vor zwei Monaten in Belaye erschienen war und unwillkürlich hatte sich das Benehmen der ganzen Familie gegen ihn verändert. Das Wort „Master“ wurde gänzlich fallen gelassen und sogar Lucy nannte ihn nur Bernard, obgleich sie dabei Anfangs etwas schüchtern war. Einer von den Knaben befand sich stets bei ihm, um bei seinen Anordnungen Hülfe zu leisten, und es war wirklich für Sir Edward Langdale unverkennbar, daß sein junger Gast sich bemühte, der Familie Beschäftigung des Geistes wie des Körpers zu geben, um ihre Gedanken von der furchtbaren Geißel abzulenken, die sie umgab.

Der dritte Morgen brach endlich an und die kleine Gesellschaft versammelte sich munter beim Frühstück. Gefahr und Sorge schienen vergessen, und nur ein einziger Zwischenfall brachte eine Abwechselung in den ersten Theil des Morgens. Ein Courier gab, ohne herein zu kommen, an der Thür ein Packet ab, welches er, wie er gesagt hatte, von Belaye herüber gebracht habe, da er den Chevalier Langdale dort nicht habe finden können. Es fand sich, daß dasselbe den ganzen Geldbetrag enthielt, welcher der Gesellschaft am steinernen Tisch abgenommen worden war. Auch Sir Edward's Diamantring fehlte nicht.

Natürlicher Weise bereitete ihm die Wiedererlangung desselben einige Befriedigung, [illegible] Sir Edward hatte bemerkt, daß sich Bernard March's [illegible]gen zwei- bis dreimal mit einem festen besorgten Blick auf das

Gesicht seines zweiten Knaben hefteten. Er blickte den Knaben selbst an, konnte aber nichts entdecken, außer vielleicht, daß er etwas blässer war wie gewöhnlich. Er war ebenso munter oder vielleicht noch munterer wie sonst, und betheiligte sich lebhaft an den Spielen seiner Brüder. Gegen Mittag kam er jedoch herein, klagte über Kopfschmerzen, und sobald Bernard March's Augen auf ihn fielen, wurde sein Gesicht sehr ernst. Es waren zwei bläuliche Flecke auf dem Gesicht des Knaben zu sehen, der eine auf der Stirn und der andere unter dem rechten Auge, und Bernard kannte das traurige Zeichen nur zu gut. Er verlor seine Geistesgegenwart jedoch keinen Augenblick.

„Sir Edward," sagte er, indem er mit heiterer Miene aufsprang, „für die Kopfschmerzen des Jungen giebt es nur eine Kur, das Bett, Sir Edward, das Bett. Mein Zimmer ist das nächste und ich habe gestern dafür Sorge getragen, daß das Bett behaglich gemacht wurde. Master Richard soll es also für jetzt haben." Hiermit nahm er den Knaben auf seine Arme und trug ihn sogleich davon.

Sir Edward Langdale folgte ihm, wagte es aber nicht, seinen jungen Gefährten zu befragen, sondern leistete nur beim Entkleiden seines Sohnes Hülfe und legte ihn ins Bett. Bernard March war die Heiterkeit selbst, so lange er sich in jenem Zimmer befand, sobald er es aber mit seinem Wirth verlassen hatte, sagte er ernsthaft:

„Ich denke, Sir Edward, daß es am Besten sein wird, wenn Ihr einen Arzt von Paris kommen lasset. Ich würde selbst einen von dort holen, wenn mich nicht Umstände hinderten, Paris zu betreten."

„Hat der Junge die Pest, Bernard?" fragte Sir Edward, indem er ihn fest am Arme packte. „Ihr habt sie gesehen — hat er die Pest?"

„Ich fürchte, daß er sie hat," antwortete Bernard March. „Er hat zwei Flecken auf seinem Gesicht, die ich nie anders als in dieser Krankheit gesehen habe."

„Ich habe sie gesehen! ich habe sie gesehen!" antwortete Sir Edward. „Mein armer Junge!"

„Obgleich es sicherlich eine sehr furchtbare und oftmals tödtliche Krankheit ist," sagte Bernard March, mit sehr sanftem Tone, „so genesen doch viele davon und ich habe bemerkt, daß sorgfältige Pflege und unablässige Aufmerksamkeit mehr dazu thun, um einen glücklichen Ausgang herbeizuführen, als alle Arzneien, die ich je habe eingeben sehen. Ich will die Pflege des armen Richard übernehmen und wir wollen das Beste hoffen."

Sir Edward drückte ihm fest die Hand.

„Ihr seid wirklich ein hochherziger Freund," sagte er. „Aber ich werde die Arbeit mit Euch theilen, Bernard."

„Auf alle Fälle,“ antwortete der junge Mann, „wird Lady Langdale und die übrigen Familienglieder am besten thun, fortzugehen oder sich im anderen Flügel des Hauses abzuschließen.“

„Das wird sie nicht thun,“ sagte Sir Edward. „Dies muß ihr natürlicher Weise gesagt werden, denn ich kann es nicht leiden, wenn in einer Familie Dinge verschwiegen werden, und Lucette wird ihren pestkranken Sohn nie verlassen.“

Bernard blickte nieder, murmelte aber nur zur Antwort: „suchet Rath,“ dann fügte er jedoch plötzlich hinzu: „auf alle Fälle, Sir Edward, werdet Ihr am Besten thun, wenn Ihr einen Arzt von Paris holen laßt, und wenn Ihr eine Flasche von dem Pestwasser der Madame Lavange erlangen könnt, von dem ich gehört habe, daß es ein kräftiges Präservativmittel sei, so können wir verhindern, daß sich die Krankheit weiter verbreitet.“

„Ich will selbst hingehen,“ antwortete Sir Edward, „und ehe der morgende Tag kommt, einen mitbringen. Es ist nur siebenzehn Stunden weit und läßt sich leicht thun. Aber wir wollen hineingehen und die traurige Nachricht mittheilen.“

Lucette und Lucy waren bei keinem der so eben berührten Ereignisse zugegen gewesen, während aber der älteste und der dritte Knabe ihrem Vater im Saale entgegen eilten und sich eifrig erkundigten, was Richard fehle, kamen Lady Langdale und ihre Tochter von oben herab und die traurige Wahrheit wurde berichtet. Es war natürlich, daß sich ein paar Thränen aus Lucette's Augen stahlen und sie sagte: „Gott helfe uns!“ Dann wendete sie sich zu ihrem Gatten und fragte: „wohin können wir Lucy und die anderen Knaben schicken?“ Und sie fügte hinzu: „Lucy, mein liebes Kind, Du mußt sofort gehen.“

„Mutter, Du hast mir stets gelehrt, daß ich meine Pflicht thun müsse,“ antwortete Lucy fest. „Meine Pflicht ist bei Richard und ich werde ihn nicht verlassen.“

„Aber es sind Leute genug hier, um jede Besorgung zu verrichten, mein Kind,“ sagte Sir Edward. „Unser junger Freund hier, der die Krankheit gesehen hat, erbietet sich hochherzig, uns einen Theil unserer Sorgen abzunehmen, und obgleich ich nach Paris eilen muß, um einen Arzt zu holen, werde ich doch noch vor morgen früh wieder da sein und ihn beim Wachen ablösen.“

„Vater, ich muß meinen Antheil haben,“ sagte Lucy, „Du darfst mir dieses Vorrecht nicht rauben. — Wenn mein Bruder stürbe und ich ihn nicht gepflegt hätte, so würde ich nie wieder Frieden kennen.“

„Nun so laß es zu, Gatte,“ sagte Lucette. „Wir wollen Alle nicht vor unserer Pflicht zurückbeben. Wir wollen die Krankenpflege abwechselnd übernehmen und dem barmherzigen Gott vertrauen, in dessen Hand Leben und Tod liegt.“

Nach etwa einer halben Stunde ritt Sir Edward mit schwerem Herzen nach Paris ab und der Tag verstrich traurig in dem Schlosse Mirepoix. Lady Langdale ließ sich kaum überreden, das Zimmer ihres Knaben zu verlassen, um auch nur ein wenig auszuruhen — Bernard March verließ ihn nie, und als sich Lucette überreden ließ, sich auf kurze Zeit zurückzuziehen, während Lucy ihre Stelle einnahm, wachte Bernard immer noch an seiner Seite. Der arme Knabe war jetzt sehr krank. Er litt an glühender Fieberhitze und führte von Zeit zu Zeit unzusammenhängende Reden. Es hatten sich noch mehrere von jenen furchtbaren blauen Flecken auf verschiedenen Theilen seines Körpers gezeigt und es war kein Zweifel mehr vorhanden, daß er an der Pest in einer ihrer heftigsten Gestalten litt. Aber Lucy verlor ihre Festigkeit und Fassung keinen Augenblick. Sie glitt ruhig und still im Zimmer umher, strich das Kissen des Kranken glatt, suchte Weinessig, um ihn mit dem Wasser zu vermischen, öffnete oder schloß leise die Fenster, wie es die Launen des armen Knaben verlangten, und als er in einen unruhigen Schlummer versank, blieb sie schweigend bei Bernard March sitzen, denn sie fürchtete den Dulder auch nur durch ein Flüstern zu wecken. Als der Schlummer tiefer wurde und sich beinahe einer Betäubung näherte, sprach sie in leisen Tönen mit ihrem Wachgefährten und schien aus seinen Worten viel Trost zu ziehen. Seine Bekanntschaft mit der Krankheit, seine ruhige Festigkeit in ihrer wirklichen Gegenwart, der hoffnungsvolle Ton, womit er sprach, Alles schien sie zu beruhigen und jene Nachtwache blieb nicht ohne heilsame Folgen auf Lucy's Geist. „Ich wollte, Ihr ginget zu Bett, Bernard," sagte sie. „Ihr seid den ganzen Tag hier gewesen. Ich kann jetzt recht gut bei ihm bleiben. Seht nur, wie er schläft. Meine Mutter wird sicher in wenigen Minuten wieder kommen."

„Aber ich bin nicht im Geringsten ermüdet," antwortete Bernard March. „Wenn Ihr wüßtet, wie oft ich ganze Nächte hintereinander Wacht gehalten habe, so würdet Ihr begreifen, daß mich dies nicht anstrengt. Ich wollte jedoch, daß Ihr Euch auf dieser Seite des Bettes niederließet, wo der Wind über Euch hinweg auf ihn weht."

Lucy lächelte und veränderte ihren Sitz.

„Es kommt wenig darauf an," antwortete sie. „Wir befinden uns im Gemache des Todes, ich fühle es. Der Wille Gottes wird das Uebrige entscheiden. Kommt es jemals vor, daß Menschen von dieser Pestilenz genesen, Bernard?"

„Ja wohl," antwortete Bernard March. „Vor einigen Jahren, als ich mich noch als Knabe bei der Armee des Königs in Oxford befand, wurde einer von meinen Brüdern, der seitdem gestorben ist, zu Barnet von dieser Pestilenz ergriffen. Ich ging sofort zu ihm und verließ ihn keinen Augenblick. Er genas, und ich habe viele andere derartige Fälle gekannt. Es erlangen wirklich Zwei unter Dreien ihre Gesundheit wieder."

„Habt Ihr je Einen, der so krank war wie er, die Gesundheit wieder erlangen sehen?" fragte Lucy. „Wie entsetzt er aussieht! Man würde ihn kaum wieder kennen — nach zwölf kurzen Stunden!"

„Ich habe Leute, die viel kränker waren wie er, innerhalb des Jahres wieder ganz wohl gesehen," antwortete Bernard. Und dann fügte er, wie in Furcht, daß er die Hoffnung beinahe zu hoch steigere, hinzu: „dieser schwere Schlaf gefällt mir nicht. Ich habe Leute gesehen, die weit kränker daraus erwachten."

Lucy erhob sich und beugte den Kopf über ihren Bruder. Sie beobachtete sein Gesicht, während er schwer athmend vor ihr lag. Als sie dies that, fiel ihr schönes schwarzes Haar über ihre Schultern, und ihre Gestalt schien eine erhöhte Leichtigkeit und Anmuth anzunehmen, während ihre warme gesunde Gesichtsfarbe einen seltsamen Contrast mit der bläulichen Färbung auf der Wange des kranken Knaben bildete. Für Bernard March's Augen sah sie aus wie ein Engel, der sich über einen Sterbenden beugt, um den entfliehenden Geist an den Pforten des Todes zu empfangen.

Ehe es noch heller Tag geworden war, kam Sir Edward Langdale aus Paris in Begleitung eines Arztes an — eines jungen Mannes von Talent, der die einzige Person gewesen war, die sich selbst durch Geld hatte bewegen lassen, in den angesteckten Distriet zu gehen. Er war ein ernster und eifriger Mann, und wenn er nicht viel Erfahrung besaß, so hatte er um so mehr Energie. Sobald er den kleinen Knaben erblickte, verlängerte sich sein Gesicht, aber er unterließ keine Anstrengung und bemühte sich mit allen damals bekannten Mitteln sowohl den Patienten zu retten, wie eine weitere Verbreitung der Ansteckung im Hause zu verhindern. Es wurde überall frische Luft eingelassen, man wendete verschiedenartige Räucherungen an, und gab reichliche Quantitäten von dem Pestwasser der Madame Lavange ein.

Umsonst, umsonst, Alles umsonst! Der Engel der Zerstörung hatte sich im Hause eingestellt und ließ sich nicht an weniger als seiner bestimmten Zahl genügen. Mehrere von den Dienern entflohen, mehrere blieben, einige erkrankten mehr oder weniger stark an der Pest. Aber wir wollen uns nicht mit der furchtbaren Geschichte aufhalten. Nach Ablauf des Monats war die Gesundheit in das Schloß Mirepoix zurückgekehrt. Aber auf ihm lastete Trübsinn und Trauer. Lady Langdale hatte die Krankheit stark gehabt, war aber genesen. Ihr ältester Sohn war ebenfalls reconvalescent. Lucy hatte sie sehr schwach gehabt; ihre holde Ruhe schien den Feind entwaffnet zu haben. Drei von den Dienern waren gestorben, Sir Edward und Bernard March waren gänzlich unversehrt geblieben, aber in dem Hause befanden sich zwei Knaben weniger und die Eltern und Schwester trauerten um Diejenigen, die in dem Augenblick, wo die Erde am hellsten erscheint und die Hoffnung das Leben am heitersten dahinführt, von dem Antlitz der Erde hinweggenommen worden waren.

Zehntes Kapitel.

Wiederum verstrich ein Monat, die Luft wurde während der Nächte und Morgenstunden kühl, ja selbst frostig. Die Pestilenz verlor sich, die Umgegend wurde für ansteckungsfrei erklärt, die Familie Sir Edward Langdale's kehrte von Mirepoix nach Belaye zurück, aber die Veränderung, welche seit dem Verlassen ihres Lieblingswohnsitzes in ihrer Haushaltung eingekehrt, war ebenso groß wie diejenige, die sich mit der Temperatur ereignet hatte, und von ziemlich ähnlichem Charakter. Ein Jedes der Mitglieder fühlte, daß die Welt kälter geworden, daß ein Theil des Sonnenscheins verloren sei, und wenn sich Momente des Nachdenkens aufdrängten und sie sich der liebevollen Augen und frohen Gesichter erinnerten, die sie nicht mehr sehen konnten, war es, als ob ein Frost — ein schneidender, tief eindringender Frost — sich über ihre Herzen gelegt und selbst den Sonnenschein der Sicherheit erkältend gemacht hätte. Aber es waren in jener Familie noch andere Veränderungen vorgegangen, die für unsere Geschichte von gleicher Wichtigkeit sind. Die Gefühle Bernard March's und Lucy Langdale's gegen einander hatten sich sehr verändert. Sie konnten nach ihrem Wachen bei dem sterbenden Knaben und jenem langen Zeitraume gegenseitigen Gleichgefühls und Vertrauens einander nie wieder mit den gleichen Augen anblicken. Wirklich betrachtete die ganze Familie Bernard March in einem ganz anderen Lichte, als dem, worin sie ihn vorher gesehen hatte. Seine hochherzige Hingebung, seine Standhaftigkeit, seine unermüdliche Thätigkeit und Geschicklichkeit, seine fast weibliche Güte gegen die Kranken und sterbenden Kinder hatte ihnen Allen ein Gefühl eingeflößt, als ob er ein Sohn oder Bruder wäre.

Bei Lucy war die Veränderung aber noch größer. Sie war allmälig und für sie beinahe unmerklich gewesen. Von Zeit zu Zeit erschrak sie jedoch über ihre eigenen Empfindungen. Sie hielt es für beinahe Unrecht, zu ihm als einem Wesen von höherer Art aufzublicken, ihn so viele — ja, dürfen wir nicht sagen, alle ihre Gedanken beschäftigen zu lassen, und ein paar Mal brachten solche Betrachtungen etwas Kälte in ihr Benehmen — vielleicht würde es besser sein, es Schüchternheit zu nennen. Aber dies dauerte selten länger als eine Stunde, und seine Gegenwart machte sie bald wieder ebenso sanft und vertraulich wie ehemals. Sie konnte wohl ein paar Mal „Master Bernard“ sagen, aber es war bald wieder blos „Bernard,“ und wenn wir die Wahrheit gestehen müssen, so pflegte Lucy trotz dieser kleinen Anstände, wenn Bernard March, wie es jetzt häufig seine Gewohnheit war, mit ihrem Bruder in den Park hinaus ritt, ihm den Gebrauch des Degens zu Pferde lehrte, ihm zeigte, wie er einen Pikenstoß abwenden oder selbst einen kleinen Gegenstand treffen könne, ohne sich selbst bloszugeben, an ein Fenster zu schlüpfen, von wo sie die Beiden sehen konnte und nachdenklicher von dort zurückzukehren, als sie hingegangen war.

Es würde unbillig sein, die Gefühle der armen Lucy auf diese Weise an den Tag zu legen, ohne auch Etwas von denen Bernard March's zu sagen. Nun giebt es auf dieser Welt tausend verschiedene Weisen, sich zu verlieben, und ich habe mich über diesen Gegenstand in anderen Werken hinlänglich verbreitet, um es unnöthig zu machen, hier länger darauf zu verweilen. Ich wünsche jedoch nur darauf hinzuweisen, daß Bernard March nicht zu den Leuten gehörte, die bei jedem Schritte in die Liebe stolpern, deren Herz wie ein Pulverfaß ist, welches bereit steht, um bei der ersten Berührung einer Lunte zu explodiren. Er hatte im Leben andere Dinge zu beachten gehabt und einigermaßen die Idee gepflegt, daß es für ihn in seiner

Lage besser sei, alle Empfindungen, ja selbst alle Neigungen zu vermeiden, die seine Sinne von dem Hauptzwecke seines Lebens abziehen könnten. Er wußte, welch' ein unglücksvolles Ding die Liebe ist und hatte beschlossen, sich nie in den Bereich ihres Einflusses zu wagen. Konnte er aber solche Scenen durchleben, wie er sie mit Lucy Langdale durchlebt hatte? Konnte er jene schöne Gestalt, jenes liebliche Gesicht ohne alle Gedanken an sie selbst, über ihre pestkranken Brüder sich beugen sehen? Konnte er in jedem Worte, in jedem Gedanken jenes himmlische Gemisch von Zartheit und Festigkeit wahrnehmen und seinen Vorsatz bewahren? Es war Alles umsonst. Tag für Tag, Stunde für Stunde fühlte er immer mehr, wie sich die Bewunderung in Zuneigung verwandelte und die Zuneigung zur Liebe aufblühte.

Wir dürfen nicht sagen, daß er sich ohne Kampf ergab, daß er nicht so manche Stunde dem Nachdenken schenkte, daß er nicht seine Liebe aus jedem Gesichtspunkte betrachtete und sich selbst fragte, wie er sich benehmen solle. Aber Kämpfe und Nachdenken und Betrachtungen waren alle nutzlos. Es zeigte sich bei ihm wie bei den meisten Männern, daß diese Zufluchtsmittel zu spät kamen. Bernard March liebte, ehe er es wußte.

In Bezug auf die Art, wie er handeln sollte, war die Frage leicht entschieden. Er beschloß, die

Dinge ihren Lauf nehmen zu lassen, Nichts vor Sir Edward Langdale zu verbergen, sobald sich eine passende Gelegenheit zu Auseinandersetzungen darbot, sich gegen Lucy zu benehmen, wie er es früher gethan, ohne Vorbedacht oder Gezwungenheit, aber sie durch kein Band zu fesseln, bis er die vollständige Einwilligung ihres Vaters erlangt hatte, und Bernard dachte, daß er sie erhalten könne. Zu gleicher Zeit täuschte er sich nicht so weit, daß er sich eingebildet hätte, er wolle sich der Bewerbung um ihre Liebe enthalten. Seltsamer Weise begriff er mit einer Blindheit, die bei bescheidenen Männern gewöhnlich ist, keineswegs, daß Lucy ihn bereits liebte.

Es gab einen Weg, sich bei Sir Edward Langdale in Gunst zu setzen, welchen Bernard unbewußt einschlug. Lucy sowohl, wie ihr Bruder, hatten zwar die Pestilenz nur in einer leichten Form gefühlt, waren aber doch sehr dadurch geschwächt worden und waren immer noch schwach und matt, als sie nach Belaye zurückkehrten; und ein paar Worte, welche Sir Edward fallen ließ, zeigten seinem jungen Freunde die Besorgniß, die er um die zukünftige Gesundheit seines Knaben fühlte. Von diesem Augenblicke an bestrebte sich Bernard March durch mäßige Anstrengungen die Constitution des jungen Burschen zu kräftigen. Er führte ihn zu allen männlichen Leibesübungen an, war selbst sein Gefährte und Lehrer, und dachte dabei wenig daran, daß er, während er sich mit freundschaftlichem Eifer mit dieser Aufgabe beschäftigte, die Bewunderung des Vaters erwarb und die Liebe der Tochter durch die Geschicklichkeit und Anmuth nährte, die er selbst dabei an den Tag legte.

So weit es seine Bemühungen bei dem jungen Henry Langdale betraf, so war das Verfahren, welches er einschlug, völlig erfolgreich. Der Knabe erlangte mit jedem Tage größere Kräfte; seine Wangen erlangten wieder die Farbe der Gesundheit, seine Brust erweiterte sich, seine Arme wurden kräftig und der Schlaf kehrte des Abends zu seinem Kissen zurück. Lucy aber blieb immer noch schwach. Sie wurde müde, ehe der Tag vorüber war, und die Rosen, die ehemals so blühend auf ihrer Wange prangten, schienen auf ewig verblichen zu sein, obgleich die Augen immer noch sternenhell glänzten und die Lippen ihren Purpur bewahrten.

Es war eines Abends, nicht sehr lange nach ihrer Rückkehr, wo sich die ganze Familie, wie es jetzt ihre Gewohnheit war, in dem großen Salon versammelt hatte, und Lucy mehr als gewöhnlich ermattet schien. Ihre Mutter drang in sie, zu Bett zu gehen, aber sie antwortete lächelnd:

„Ich werde in ein paar Minuten gehen; aber ich habe eine seltsame Einbildung, Mutter, daß ich besser ruhen würde, wenn ich Bernard singen hören könnte.“

Ihre Worte überraschten zwei Personen. Die eine war Sir Edward Langdale, der plötzlich von dem Buche, worin er las, mit erstaunter Miene aufblickte; der Andere war Bernard March, der sich augenblicklich erhob und nach dem anstoßenden Zimmer ging, um eine dort befindliche Laute zu holen. Er kehrte schnell zurück, setzte sich ruhig nieder, stimmte zuerst das Instrument, ließ darauf seine Hände über die Saiten hingleiten und entlockte ihnen köstliche und feierliche Klänge, die Alles übertrafen, was seine Zuhörer je von ihm gehört hatten.

„Diese Melodie sollte eigentlich auf der Orgel gespielt und von vier Stimmen gesungen werden," sagte Bernard March.

Er fühlte, daß dies ein Moment war, wo die Musik als Heilmittel wirken konnte, und sein Gegenstand sowohl wie seine Melodie waren gut gewählt.

„O, wende nicht das Haupt zur Seite,
Als gäb' es keine Freude mehr,
Als wär' der Glaube selbst gestorben,
Und Hoffnung läg' im tiefen Meer'.

Laß nicht den Blick zur Erde gleiten,
Als fände dort sich nur die Rast,
Als ob kein Lächeln könnte heben
Die drückende Verzweiflungslast.

Ein langer Sommertag
Ist uns're Lebenszeit,
Mild in der Morgenluft,
Schwül in der Mittagszeit.

Oft thront der Abend dann
In rother Wolkenpracht,
Und zögernd senket sich
Nieder die schwarze Nacht.

Und doch hat in den trübsten Stunden,
Wenn sich kein Stern am Himmel zeigt,
Die Hoffnung ihren Thron bestiegen
Und sich zu uns herabgeneigt.

Der Mensch wird schön're Tage sehen,
Die Erde schließt sein Dasein nicht,
Und was er hier in Nacht verloren,
Kehrt wieder einst im schön'ren Licht."

Alle lauschten, Alle fühlten die Beziehung der Worte, aber Lucy empfand sie am stärksten. Sie beugte sich vor, als wolle sie keinen Ton verlieren, bis endlich ihr Kopf auf ihren Händen ruhte. Und dann bedeckte sie ihre Augen und die großen Thränentropfen drängten sich zwischen ihren Fingern hindurch und strömten über ihre Wangen herab.

Als er schloß, erhob sie sich und sagte:

„Ich danke Euch, ich danke Euch, Bernard, dies wird mir sehr gut thun. Die Thränen haben mir den letzten Monat über gefehlt," und sie verließ hastig das Zimmer.

Ihre Mutter und ihr Bruder folgten ihr und Bernard blieb mit Sir Edward Langdale allein. Beide schwiegen einige Minuten lang. Der Eine ließ die Laute auf seinem Knie ruhen, während seine Augen in tiefen Gedanken auf die Saiten geheftet waren; der Andere blickte ihn mit ernster forschender Miene an.

Plötzlich erhob Bernard die Augen und sagte:

„Sir Edward, es ist Zeit daß wir zu einer Erklärung kommen."

„Ich denke es auch, Bernard," sagte der Ritter. „Was ich heute Abend gesehen habe, hat mich überrascht."

„Ohne Zweifel eine schmerzliche Ueberraschung," sagte Bernard. „Vielleicht läßt sich aber ein Theil dieses Schmerzes zerstreuen. Ich hatte nie gedacht, daß ich ein menschliches Wesen lieben würde. Ich gab meine Jugend einer großen Sache hin und hatte gedacht, daß nichts — keine Leidenschaft, keine Herzensneigung je einen meiner Gedanken von dieser Sache abwendig machen könnten. Aber ich liebe Eure Tochter, Sir Edward, mit Gefühlen, die unmerklich, aber um nichts weniger tief bei mir eingewurzelt sind —"

„Habt Ihr über den Gegenstand mit Lucy gesprochen?" unterbrach ihn Sir Edward ernst.

„Kein Wort," entgegnete Bernard; „ich würde es nicht um eine Königskrone gethan haben. Erstens, weil ich nicht mit Euch gesprochen hatte, und zweitens, weil ich gegenwärtig nicht die Mittel habe, um sie dem Range gemäß zu erhalten, zu welchem sie und ich geboren sind."

Er legte einen starken Nachdruck auf das Wort ich, und Sir Edward entgegnete nach kurzem Nachdenken:

„Der Verlust meiner Besitzung Buckley, welche von dem Parlament confiscirt worden ist, hat mein Einkommen bedeutend geschmälert. Dennoch bin ich aber kein geiziger Mann, Bernard. Lucy wird dereinst ihr Auskommen haben, denn die Besitzung Mirepolz ist der ältesten Tochter meiner Gattin zugeschrieben. Mein Sohn erhält diese Besitzung sowohl wie einige andere, aber Mirepolz ist ein schönes Besitzthum."

„Jetzt verstehe ich," sagte Bernard March zerstreut.

„Was meint Ihr?"

„Blos, daß ich verstehe, warum Madame de Chevreuse gewünscht hat, Eure Tochter in ihre Hände zu bekommen. Ohne Zweifel hatte sie ihre Hand entweder Monsieur de Breteuil oder Monsieur de Villeneuve zugesagt."

„Das mag sein," antwortete Sir Edward. „Aber zur Sache. Ich kann nicht zugeben, daß Lucy ihre Hand oder ihre Neigung einem Manne schenkt, von dem ich wenig oder gar nichts weiß, wie sehr ich auch das schätzen mag, was ich von ihm gesehen habe."

„O, Sir Edward Langdale! Ich fürchte, daß Ihr

seit Eurer Jugend Eure Ansichten einigermaßen verändert habt."

Bernard March nahm eine Feder aus dem Schreibzeug auf dem Tische und schrieb vier Worte auf einen Streifen Papier, den er ruhig Sir Edward Langdale hinüberreichte. Dieser sprang auf, sobald er ihn gelesen hatte, erfaßte seine Hand und rief:

„Mein edler Lord! Wie sehr freut es mich, Euch zu sehen!"

Aber Bernard legte seinen Finger auf die Lippen und sagte:

„Still, lieber Herr, dieser Name darf nie genannt werden, so lange ich mich hier in Frankreich befinde. Ich habe nur unter der Bedingung, daß ich völlig incognito bleibe, die Erlaubniß, mich überhaupt hier aufzuhalten. Sobald ich allgemein bekannt bin, muß ich nach Breda gehen und mich dem Prinzen anschließen, was ich aus vielerlei Gründen für jetzt nicht zu thun wünsche."

„Aber ich fürchte, daß Ihr nicht lange verborgen bleiben könnt," sagte Sir Edward Langdale. „Ihr spracht davon, daß Ihr den Prinzen Condé gesehen habt, und als Ihr zurückkehrtet, hattet Ihr zwei Männer bei Euch, die noch in derselben Nacht verschwanden."

„Seine Hoheit hat mein Geheimniß sorgfältig bewahrt und wird es bewahren," sagte Bernard March;

„und was die beiden Männer betrifft, so sind sie alte treue Freunde, auf die ich mich verlassen kann. Jetzt aber erlaubt mir, zur Sache zurückzukehren. Habt Ihr Etwas dagegen einzuwenden, Sir Edward, daß ich mich um die Neigung Eurer Tochter bewerbe? Wenn dies der Fall ist, so muß ich dieses Haus verlassen, ehe der morgende Tag anbricht."

„Könnt Ihr die Frage im Ernst stellen?" sagte Sir Edward Langdale. „Der Edelste unter den Edlen, der Tapferste der Tapfern könnte die Hand der Tochter Edward Langdale's nicht vergeblich verlangen!"

„Aber bedenkt," sagte Bernard March, „daß ich auch der Aermste der Armen bin."

„Darauf kommt nichts an," erwiederte Jener. „In unserer seltsamen Zeit kann Niemand voraussagen, was in ein paar Tagen oder ein paar Monaten geschehen kann. Mag aber kommen, was da will. Wir haben genug und Ihr sollt mit den Uebrigen Euren Theil haben. Ich habe längst gesehen und gewußt, daß Ihr nicht das waret, was Ihr zu sein schient, aber ich hielt Euch für eine andere Person. — Ihr seid für Alles, was Ihr durchgemacht habt, so jung. Seine Hoheit, der Herzog, Euer Bruder, den ich recht gut kenne, muß viel älter sein."

„Um viele Jahre," sagte Bernard March. „Ich bin der Jüngste der Familie, aber mein Bruder hat mich schon mit fünfzehn Jahren in die Schlacht geführt und seitdem hat getreuliche Liebe sowohl wie die Loyalität alle meine Gedanken beherrscht.“

„Nun, Gott verhüte,“ sagte Sir Edward, „daß die Liebe zu einem meiner Kinder diese Gedanken von der heiligen Sache abwendig machen sollte, die Ihr so gut unterstützt habt, so lange es noch eine Hoffnung giebt, aber ich habe durch Erfahrung gelernt, daß die glänzenden Bilder der alten romanciers nicht blos Phantasiegebilde sind und daß eine hohe edle Liebe sich unzertrennlich mit hohen und edlen Thaten verknüpft — ja, eine Quelle ist, aus der sie emporsprudeln, wie aus einem Brunnen. Aber laßt uns heute Abend nichts mehr hiervon sprechen — Lucy ist noch sehr jung und wir werden Zeit genug dazu haben.“

Elftes Kapitel.

Es giebt wirklich so etwas, wie ein „holdes Schweigen", obgleich der alte Herr, welcher zuerst jene beiden Worte in so nahen Zusammenhang brachte, wie ich glaube, zu seiner Zeit von den Krähen und anderen kleinen Vögeln, die von dem Naschen an den Früchten der Literatur leben, gehörig ausgelacht wurde. Ja, ich habe es erkannt und gefühlt, wenn ich der summenden Menge und dem Gerassel der Wagen im Gemisch von Tönen der Freude und des Kummers, der Thorheit, Reue, Pein, Selbstsucht, Verzweiflung, Lustigkeit und Tollheit, die in einer großen Stadt brausen, entschlüpfte und in die ruhigen stillen Wälder oder die einsamen Thäler meines Heimathslandes kam. Ich habe es noch tiefer gefühlt, wenn ich in den Urwäldern der neuen Welt war. Die Reize eines starken Contrastes kommen allerdings nicht hinzu, um den Eindruck der

Stille zu erhöhen, aber diese Stille ist so tief, daß das Schweigen nicht nur hold, sondern erhaben ist."

Aber es giebt noch eine andere Art von Schweigen, welches hold ist — ein moralisches mystisches Schweigen, ein Schweigen des Herzens — wenn heftige Gefühle und stürmische Empfindungen beschwichtigt werden, wie die Stimme einer Gottheit die Stürme und Gewässer der Leidenschaft durch den Befehl zur Ruhe bringt: „Frieden, seid still!"

Der Himmel weiß, daß es in den Herzen Bernard March's und Lucy Langdale's während der wenigen Wochen, die dem in dem letzten Kapitel berichteten Gespräche folgten, wo nicht stürmische, doch wenigstens stark emporkämpfende Gefühle gab. Es wurde kein Wort der Liebe gesprochen, kein Gefühl des Herzens fand eine Stimme.

Anfangs war der Zwang für Beide peinlich. Der junge Cavalier, der im Gemach weniger selbstvertrauend war als im Felde, hätte gern eine Zusicherung der Neigung Lucy's gehabt, ehe die Worte gesprochen wurden, die nie zurückgenommen werden konnten und deren Beantwortung sein Schicksal, wie er dachte, auf ewig glücklich oder elend machen würde. Die ersten starken Gefühle seines Herzens waren ihr gegeben, aber selbst in ihrem unausgesprochenen Besitz lag eine Freude, die er durch ein voreiliges Wort zu verlieren fürchtete, und er fuhr fort, die Blumen des Herzens sich von Tag zu Tag mehr entfalten zu lassen, wie Knospen in dem wechselvollen Sonnenschein des Frühlings.

Andererseits waren die Gefühle Lucy Langdale's weit fremdartiger und schwerer auszusprechen. Er wußte, er konnte nicht über das in Unwissenheit sein, was in seinem eigenen Herzen vorging, aber sie wagte weder ihre eigenen Empfindungen noch die seinen zu erforschen. Eine neue Welt that sich vor ihr auf — die Welt des Herzens, und sie war voller Wunder. Oftmals mochte sie sich wohl fragen, was sein verändertes Benehmen bedeute, sie mochte sich beinahe mit Furcht die Frage stellen, warum seine Gesellschaft ihr so werth geworden war; sie mochte sich über die starke Neigung entsetzt fühlen, die sie antrieb, seine Gesellschaft aufzusuchen, darüber verwundern, daß ihre Eltern so bereitwillig jedem Plane ihre Zustimmung gaben, der sie und Bernard March zusammenführte.

Und doch wurde kein Wort gesprochen. Allmälig aber verwischte sich die Neuheit und Seltsamkeit, und Gefühle des Vertrauens und der Zuversicht wuchsen auf. Es giebt einen beredteren Dolmetscher als die Worte, eine deutlichere, überzeugendere Stimme, als je den menschlichen Lippen entschlüpfte, eine Schrift der Seele auf der Tafel des Antlitzes, welche nicht lange mißverstanden werden kann.

Allerdings läßt sie sich gleich Worten, die mit der sympathetischen Tinte, wovon wir lesen, geschrieben sind, nur von denjenigen entziffern, die das Geheimniß besitzen. Aber die Liebe giebt bald den Schlüssel und dann ist Alles deutlich. Als aber endlich die geheimnißvolle Schrift gelesen war und Lucy und Bernard fühlten, daß sie wenigstens unter sich kein Siegel für den Contract brauchten, kein gesprochenes Wort nöthig hatten, um ihnen zu sagen, daß sie einander liebten, dann herrschte eine Zeit lang immer noch Stille, aber es war deshalb, weil eine solche Stille so hold ist. Sie ist der Dufthauch auf der reifen Frucht, das Licht, welches durch die reife Traube schimmert. Wehe demjenigen, der es zu rauh angreift!

Ich liebe solche Gegenstände, obgleich sie Dinge sind, die mich verlassen haben — vielleicht um so mehr, weil sie hinter mir liegen. Wer kann auf ein friedliches schlafendes Kind herabblicken, ohne mit Herzenserquickung zu denken: „wie lieblich!“ Wer kann zwei Herzen, welche von unschuldiger Liebe erfüllt sind, betrachten, ohne zu sagen: „o, könnte ich wieder so lieben!“ Aber ich darf nicht zu lange bei diesen Dingen verweilen. Laßt uns weiter gehen.

Ich habe bereits gesagt, daß Lucy in großer Abgeschiedenheit erzogen worden war und wenig von den conventionellen Fesseln jener Tage kannte — Fesseln, die selbst heutzutage noch nicht ganz aus der Gesellschaft in England oder Frankreich verbannt sind, wo zu jener Zeit das Leben eines Mädchens zwischen munterer Leichtfertigkeit und hartem Zwange hin und her schwankte — aber sie wußte genug, um sich über die vollkommene Freiheit zu wundern, die ihr von beiden Eltern in der Gesellschaft Bernard March's gestattet wurde. Der Morgenritt mit ihm und ihrem Bruder in dem frischen stärkenden Monat Januar wurde nicht nur gestattet, sondern sogar dazu aufgemuntert, und der dafür angeführte Grund war die Wiedererlangung ihrer Gesundheit, zu welcher bei Henry die gleiche Leibesübung so viel beigetragen hatte. Dies war aber noch nicht Alles. Es wurde so manche angenehme Gelegenheit zu Privatgesprächen gegeben, für welche keine solchen Gründe angeführt werden konnten. Allerdings war immer der eine oder andere Anlaß aufzufinden. Ihre Stimme war zwar lieblich und voll, bedurfte aber der Ausbildung. Und wer konnte sie so gut pflegen, wie Master Bernard? Wenn der Wind zu heftig oder der Rasen zu schlüpfrig war, um auszureiten, so boten die langen geraden Gänge des Parks, die Eschen- und Ulmenalleen lange angenehme Spaziergänge. Dennoch wurde es aber für besser gehalten, daß sie einen kräftigeren Begleiter hatte als die gewöhnliche Soubrette, und Bernard March war der unabänderliche Hüter ihrer Morgenspaziergänge. Die Freiheit wird zur Gewohnheit, und als Lucy's Gesundheit und Kräfte zurückkehrten, suchten sie nicht mehr um Erlaubniß an, sondern nahmen sie sich als eine Sache, die sich von selbst verstand, und während die Jahreszeit sich den heitereren Tagen des Frühlings näherte, wo kein Vorwand mehr zu diesem ausschließlichen Umgang vorhanden war, folgte derselbe zwangslos durch die bloße Gewohnheit.

So wanderten eines Morgens im Februar — jenes Monats, wo man hier und da eine einsame wilde Blume unter den Sträuchern erblickt und die Kaninchen über die Wege zu laufen pflegen, und die Drossel auf den kahlen Baumwipfeln sitzt und dem nahenden Sommer ihr Willkommen entgegensingt — Lucy und Bernard vor dem Frühstück hinaus und setzten sich, da der Tag frühlingswarm war, auf einige Momente unter einer hohen Eiche nieder.

„Ich will Euch ein Lied singen, Lucy," sagte er, „ein altes Lied aus meinem Heimathlande, um zu sehen, ob ich jenen Vogel zu unseren Häupten übertönen kann. Ich vermag mein Glück vielleicht ebenso gut wie er hinauszujubeln." Und er legte die eine Hand auf die ihre, die auf ihrem Knie ruhte, und sang:

„Der rothen Rose gleicht mein Lieb',
Die frisch im Juni blinkt.
Dem süßen Liede gleicht mein Lieb',
Das hold der Laut' entklingt.
So schön, so schön bist Du, mein Lieb,
Ich liebe Dich so sehr,
Daß ich Dich lieben, lieben will
Bis trocken ist das Meer.

„Dein Auge gleicht dem Sonnenschein,
Dein Hauch der Frühlingsluft,
Die unter grünem Waldesbaum
Hinträgt der Blumen Duft.
So schön, so schön bist Du mein Lieb,
Ich liebe Dich so sehr,
Daß ich Dich lieben, lieben will,
Bis trocken ist das Meer.

„Der Taube gleicht Dein Herz, Dein Herz,
Von Engeln stammt Dein Sinn,
Denn meine Seele trägst Du, Lieb',
Mit Dir zum Himmel hin.
So schön, so schön bist Du, mein Lieb',
Ich liebe Dich so sehr,
Daß ich Dich lieben, lieben will,
Bis trocken ist das Meer."

Die Melodie wird von Manchen dem David Rizzio zugestanden und der erste Vers ist sehr alt, die letzteren waren etwas moderner. Es war jedoch weder die Musik, obgleich sie köstlich war, noch die Worte, obgleich sie wahrscheinlich Alles sagten, was Bernard zu sagen beabsichtigen konnte, das dem Liede seine Gewalt verlieh. Es war der Blick und das Wesen, welches dem Gedichte das Gepräge des Herzens aufdrückte, und, wie es so oft geschieht, die schlummernde Wahrheit aus ihrem Blumenneste hervorrief. Das Wort Liebe wurde jetzt zum ersten Male zwischen ihnen genannt. Jetzt schlug zum ersten Male jener musikalische, jener magische Ausdruck an Lucy's Ohr. Jetzt wurde ihr zum ersten Male das Räthsel gelöst, welches in dunklen Schriftzügen in dem Herzen jedes Weibes zu finden ist, und Lucy fühlte vollkommen, daß sie geliebt wurde und daß sie wieder liebte.

Wenn in den Feenmärchen die Hand, die dazu bestimmt ist, den Talisman zu besitzen, denselben zum ersten Mal berührt, so erzittert der Tempel, die Schutzgeister werden vor dem Willen des Schicksals schwach nnd das Heiligthum wird bis zu seinen Grundfesten erschüttert. War es nicht so bei der armen Lucy Langdale, als das große Geheimniß ihrer Gefühle und der seinen ihr zum ersten Male entschleiert wurde? Ach ja! Ihre Glieder erbebten wie ein Blatt im leichten Frühlingswinde, ihre Wange erbleichte, ihr Herz klopfte zum Zerspringen, und sie würde zur Erde niedergefallen sein, wenn nicht Arme offen gewesen wären, um sie aufzufangen.

„Meine Lucy, Du bist mein," murmelte Bernard March, indem er sie an sein Herz drückte, „Du bist mein, mit der vollen Zustimmung Deiner Eltern. O sage, daß Du mein bist!"

Einen Augenblick schwieg sie und unter ihren schwarzen Wimpern drängten sich Thränen hervor, die wie Diamanten auf den Lidern schimmerten, aber sie drückte seine Hand fester, und endlich blickte sie einen Moment empor, und das einzige Wort „Bernard!" verkündete Alles, was ausgesprochen werden konnte.

Es war für Beide ein Moment des köstlichen

Glückes, aber es war nur ein Moment. Es raschelte unter den Bäumen jenseits eines kleinen Baches, der murmelnd zwischen dem abgefallenen Laub am Fuße des Hügels hindurchrieselte, wo sie gesessen hatten, und ein Mann in dem bunten Kostüm des Hofes sprang herüber, indem er rief:

„Wirklich sehr hübsch! Das wird für Sir Edward Langdale etwas Neues sein!“

Es war ein Moment, wo selbst die Sanftmuth eines Engels gewichen wäre, und Bernard March's Wangen färbten sich purpurn.

„Fort, hinweg, Monsieur de Breteuil!“ rief er, „oder ich züchtige Euch, wie ich bereits einen von Euren Kameraden gezüchtigt habe!“

Dies waren die letzten Worte, welche Lucy vernahm. Es wurde ein Schlag geführt, sie zogen die Degen und nach zwei Gängen flog die Waffe des Marquis de Breteuil in die Baumwipfel.

Was war es, das Bernard March einen zornigeren Geist einflößte, als jemals in seiner Brust Herberge gefunden hatte? Vielleicht kam es daher, daß sich dort eine neue Leidenschaft befand — eine Leidenschaft, die alle anderen tiefer machte. Wie dem aber auch sein mochte, es war sein erster Impuls, seinen Degen zurückzuziehen, um denselben seinem Gegner durch den Leib zu bohren; aber ein besseres Gefühl trug die Oberhand davon.

„Geht!“ rief er, „geht hinweg, damit ich Euch nicht behandle, wie einen Hund. Ich möchte nicht vergessen, daß ich ein Edelmann bin, was Ihr auch sein möget.“

Breteuil sprang davon, um seinen Degen wieder zu holen, und obgleich er etwas eingeschüchtert war, weiß doch der Himmel, was daraus geworden sein würde, wenn nicht Sir Edward Langdale mit zwei bis drei Dienern — theils Leuten seines eigenen Haushaltes, theils Fremden im Reitkostüm — in diesem Augenblicke herangekommen wäre.

„Was ist das?“ rief der Ritter. „Mylord! — Bernard! — Sieh nach Deiner jungen Dame, Pierrot!“

„Ich bin thörigt genug gewesen, mich zu erzürnen, Sir Edward,“ sagte Bernard March. „Dieser Mann, der Marquis de Breteuil, hat es für angemessen gehalten, meine Unterhaltung mit Lucy auf unhöfliche Weise zu unterbrechen, und ich hätte ihm beinahe eine nachdrücklichere Lection gegeben, als ich einem seiner leichtfertigen Kameraden vor ein paar Monaten gab. Jetzt bin ich aber ruhig.“

„Dann steckt Euren Degen ein, steckt Euren Degen ein,“ sagte Sir Edward, „bemüht Euch um Lucy. Sie ist ohnmächtig geworden. Monsieur de Breteuil, Ihr habt mir in dem Briefe, dessen Ueberbringer Ihr waret, traurige Nachrichten gebracht. Ich bin herabgestiegen, sobald ich ihn gelesen hatte, um Euch die Gastlichkeit meines Hauses anzubieten, obgleich es ein Haus der Trauer sein muß. Ihr habt aber auch Streit und Mißhelligkeit in meine Familie gebracht und ich kann Euch jetzt nur eine glückliche Rückreise nach Paris wünschen. Einen Mann, der in Gegenwart einer Dame seinen Degen zieht, kann ich nicht bewirthen. Wie geht es Dir, Lucy? Sie ist wohler — ihre Farbe kehrt zurück. Es ist Alles vorbei, mein Mädchen — Bernard, geleitet sie nach dem Hause zurück."

„Er hat mich zuerst geschlagen, Sir Edward," sagte de Breteuil. „Ich ziehe vor Frauen meinen Degen nicht. Aber ich leide keinen Schlag von irgend einem Manne, mag er gegeben werden, wo es ist."

„Dieser edle Herr wird keinen Menschen schlagen, wenn es nicht in einer gerechten Sache geschieht," antwortete der Ritter.

„Dieser edle Herr?" wiederholte Breteuil höhnisch. „Nun, vielleicht werde ich diesen vornehmen Dunkelmann wieder einmal treffen."

„Vielleicht wohl," sagte Bernard March, der seine Waffe immer noch entblößt in der Hand hielt.

„Bernard," sagte Sir Edward mit wehmüthigem Tone, „sie haben unseren König ermordet. Ist dies ein Tag und eine Stunde, um an persönliche Streitigkeiten zu denken?"

Bernard March drückte den Griff seines Degens an die Brust, stieß dann die Klinge in die Scheide und rief:

„Gott verhüte, daß diese Waffe je wieder zu einem anderen Zwecke gezogen werden soll, als um ihn zu rächen!“

Sir Edward Langdale winkte Monsieur de Breteuil mit der Hand zurück, half sodann Bernard March Lucy vom Boden aufheben und führte sie mit ihm nach dem Hause zurück.

Zwölftes Kapitel.

Es war geraume Zeit verstrichen. Ein Monat nach dem anderen war vorübergegangen. Lucy Langdale stand in ihrem neunzehnten Jahre, aber sie war immer noch Lucy Langdale. Die Monate, die Tage, die Stunden waren jedoch von Ereignissen ausgefüllt gewesen, die dem weiten Felde der Geschichte angehören, die aber zwei Mal den Becher des Glückes, als er sich schon an seinen Lippen befand, aus Bernard March's Händen gerissen hatten. Müssen wir unsere Erzählung unterbrechen, um jene Ereignisse irgend Einem zu berichten, der die aufgeregte Periode studirt hat, welche zwischen dem Tode Carl I. und dem Sommer von 1651 lag? Oder müssen wir uns über die Rolle verbreiten, die Edward Langdale und Bernard March in dieser Periode spielten? Wir wollen diesen Zeitraum und Alles, was er enthielt, die Reise nach Schottland, die Beleidigungen, womit der junge König von seinen fanatischen und pedantischen Unterthanen im Norden überschüttet wurde, seine Trennung von seinen erprobten, zuverlässigen Cavalieren und seinen verwegenen Marsch nach England in der Hoffnung auf energische Unterstützung, die er nicht finden sollte, mit Stillschweigen übergehen. Genug, daß Bernard March und Sir Edward Langdale sich unter denen befanden, die in Schottland von der Seite des jungen Königs hinweggetrieben wurden, aber seine Sache nie verließen, und daß sie auch unter denjenigen waren, die sich nach England zurückzogen und sich bemühten, Streitkräfte zur Unterstützung ihres Monarchen aufzubringen, während er von Carlisle nach Worcester eilte.

Es war eine stürmische Nacht zu Ende des August und über die weite Oberfläche blies der Wind in wilden Stößen und schleuderte große Regentropfen gegen die kleinen in Blei gefaßten Scheiben in den Fenstern eines Wirthshauses an der Grenze von Worcestershire. Es donnerte nicht, obgleich die Luft unerträglich warm war und mit Electricität belastet zu sein schien. Aber man hätte kaum eine Stimme in dem Hause hören können, wenn sie nicht sehr laut erhoben worden wäre, so groß war der Lärm, den die fallenden Regenströme und der Wind machten, der bald auf die Preißelbeerbüsche und das lange Röhrigt zischte, bald wie ein überlasteter Geist unter den hohen dünnen Fichten heulte, womit die Halde hier und da bestanden war. Man vernahm jedoch keine Stimme innerhalb jener Mauern und die einzigen Bewohner des großen Zimmers, das sowohl zur Küche wie zum Speisesaal diente, waren ein alter Mann, der an einem Tische saß und dessen lange graue Locken über die mageren Hände fielen, womit er seinen Kopf stützte, und seine nur wenige Jahre jüngere, obgleich allem Anschein nach weit kräftigere und munterere Hausfrau.

Die Letztere saß trotz der schwülen Atmosphäre auf einem Sessel am Kamin und steckte von Zeit zu Zeit ein paar Holzscheite unter einen großen Kessel, der an einem großen Haken fimmerte. Keines von Beiden bewegte sich von der Stelle und mehr als eine Stunde lang wurde kein Wort gesprochen. Endlich aber sagte der Greis mit einem Seufzer:

„Er wird heute Abend nicht kommen, Maude; das Wetter ist zu rauh. Höre nur, welch' ein Lied der Wind singt, und der Regen würde das Fenster einschlagen, wenn nicht der große Apfelbaum davor stände."

„Er wird kommen, Alter — er wird kommen," antwortete die Frau mit mürrischem Tone. „Ich kenne meinen Jungen nicht, wenn er nicht kommt. Du brummst immer über das Wetter und schlägst einen Wassertropfen eben so hoch an, wie ein Mühlgerinne. Wer wird jemals denken, daß Du ein Soldat gewesen bist!"

„Nun, nun, Frau," antwortete der Greis. „Das

Soldatenleben macht einem die Gelenke steif. Ich habe in mancher schlimmeren Nacht als dieser mit keiner besseren Unterlage als dem Moor und keiner wärmeren Decke als dem grauen Himmel draußen im Freien gelegen. Jetzt aber spüre ich die Nachwehen — jetzt spüre ich sie."

„Und wenn Du das gethan hast, warum sollte Dein Sohn nicht das Gleiche thun?" sagte die Alte. „Er ist gewiß ein ebenso kräftiger Mann, wie Du je warst. Aber er mag kommen oder nicht, für ihn und seine Leute soll eine warme Suppe bereit sein, Alter, wenn ich auch hier sitzen müßte, bis der Hahn kräht."

Beide versanken wieder in Schweigen, denn eine dreißigjährige Erfahrung hatte den alten Soldaten einigermaßen vorsichtig gemacht, die Zunge seiner Frau zu entfesseln, und es verstrich beinahe eine halbe Stunde ohne ein Wort.

Endlich schrak er jedoch aus einer Art Halbschlummer auf und rief:

„Horch! ich höre Pferde über das Moor plätschern."

„Bah!" rief sie, denn sie wollte sich nicht gern täuschen, lauschte aber dennoch begierig, „es ist nur das Plätschern des Regens. Du denkst immer, daß Du hörst — ja, es ist wirklich so — es ist Hufschlag. Hebe den Schöpflöffel herunter, Alter, und die großen Teller und setze die Schemel zurecht. Ich wußte, daß er kommen würde. Es ist sicherlich der junge Johnny — mache die Thür ein wenig auf, um das Licht zu zeigen."

Der Alte schien jetzt rüstig genug zu sein, obgleich er ein furchtbares Gesicht schnitt, weil ihm seine rheumatische Hüfte beim Aufstehen schmerzte; aber er öffnete sogleich die Hausthür und blickte, ohne sich abschrecken zu lassen, in den schweren Regen hinaus, während seine Frau nach Betsy und Tom kreischte und eine Fluth von üblen Beinamen über die Häupter des schlaftrunkenen Gesindes ausschüttete.

Man hörte jetzt deutlich genug Pferdehufe schnell über die Halde herankommen; und es schienen ihrer Viele zu sein, denn das Aufschlagen der Hufe war häufig und unregelmäßig. Ehe der Stalljunge und die „Dirne", wie sie die alte Frau nannte, über die Küchenthür hinauskommen konnten, hörte man es draußen „Halt!" rufen und Pferde courbettiren und ein durchdringendes Wiehern, als ob wenigstens eins von den Thieren den Ort des Obdachs erkannt habe und sich darüber freue. Der Alte kehrte aber plötzlich in die Küche zurück, wendete den Kopf halb um, ohne die Thür zu schließen, legte als Zeichen für seine Frau den Finger auf die Lippen und sagte leise:

„Fremde — Soldaten!"

Im nächsten Moment war er die Gastwirthshöflichkeit selbst. Und als eine kleine Schaar von wettergebräunten Männern nachlässig hereinschritt, sagte er:

„Ich wünsche Euch einen guten Abend, Ihr Herren, ich wünsche Euch einen guten Abend. Ein entsetzliches

Wetter für den Monat August. Nun, die Jahreszeiten haben sich seit meiner Jugend sehr verändert — aber was das betrifft, so hat sich Alles verändert — sieh nach den Pferden, Tom — stelle Schemel heran, Betsy — wir haben einen guten geräumigen Stall hier, Ihr Herren! Wie viel Pferde möget Ihr wohl haben? Es giebt hier Heu und Hafer genug, und das vom besten."

Während dieser Anrede hatte er sein Auge über die Fremden gleiten lassen und sein Gesicht erhellte sich, als er die breitkrämpigen Hüte und wallenden Federn, die gestickten Mäntel und sammetnen Wämser seiner Gäste wahrnahm.

Es waren gefährliche Zeiten, und selbst der Arme mußte die Gefühle seines Herzens verhehlen, denn da, wo die Tyrannei den Namen der Freiheit annimmt, werden die Meinungen zu Verbrechen und die Macht tritt an die Stelle des Rechts. Der Wirth war also vorsichtig und überließ es, ehe er ein Wort sprach, welches ihn compromittiren konnte, den Fremden, eine bessere Auskunft über sich zu geben, als sie blos glänzende Kleidung und Liebeslocken gewähren konnten. Anfangs zweifelte er sogar, ob er sich nicht versehen habe, denn Einer von seinen Gästen, der einfachere Kleidung trug, als die Uebrigen, nahm ihn am Ohr und sagte:

„Wahrlich, Freund, Dein Lob Deines Hafers

schmeckt nach böser Gesinnung und gottlosem Eigennutz. Du möchtest uns Dein schimmliges Futter aufhängen, und obgleich die Thiere eben so sehr der Genüsse bedürfen, welche für die Creatur gegeben sind, möchtest Du uns mit starken Wässern hinhalten, während sie mit Hecksel gefüttert werden."

Ein schallendes Gelächter, welches diesen Worten folgte, beruhigte jedoch das Herz des guten Mannes, und er eilte, den Steinkrug mit starkem Genever herbeizuholen, gegen welchen wenige Cavaliere etwas einzuwenden hatten, als ein hochgewachsener junger Mann, der mit einem noch jüngeren an der Thür gestanden und mit den Leuten draußen gesprochen hatte, seine letzten Befehle ertheilte und in das Wirthshaus trat. Alle machten ihm Platz, als er auf den Tisch zuschritt und, sein scharfes glänzendes Auge auf den Wirth heftend, sagte:

„Ich fürchte, Herr Wirth, daß wir Euch etwas unerwartet überfallen haben. Habt Ihr nichts Eßbares für diese Herren? Die Pferde müssen ebenfalls gut gefüttert werden, und wenn auch die Leute im Stalle schlafen können — denn er scheint geräumig zu sein — so müssen sie doch ebenfalls etwas Nahrung erhalten. Wir sind ohne Speise und Trank zehn Stunden weit geritten."

„O, wir können dafür sorgen, wir können dafür sorgen, edler Herr!" sagte der Wirth. „Es ist Speck genug im Hause, und ein so gutes Stück kaltes Rauchfleisch, wie nur jemals angeschnitten wurde, und — und —“

Seine Stimme zitterte, während er dies sagte, seine Betroffenheit wurde größer und immer größer, und endlich sank er vor dem jungen Fremden auf die Kniee, erfaßte seine Hand, küßte sie und rief;

„Er ist es — ich bin sicher, daß es mein edler Lord, der Earl von Dartmoor ist, der mein armes altes Leben auf dem langen Marston-Moor gerettet und Oberst Langly von den „Eisenseiten“ (der mich niedergeworfen hatte) erschoß und mich dann auf seinem eigenen Pferde aus dem Gefechte trug. Ihr waret damals noch ein Knabe, ich kenne Euch aber, ich kenne Euch! Wie kann ich Euch je vergessen?“

„Ich erinnere mich an Etwas dergleichen,“ antwortete Jener; „Ihr waret, wenn ich mich recht besinne, Einer von Denen, die sich mit Prinz Rupert nach Chester durchschlugen. Wir mußten unsere Sporen gebrauchen, mein Freund. Aber ich hoffe, daß jetzt eine bessere Zeit kommen wird. Giebt es in diesem Theile der Welt etwas Neues? Sprecht ohne Rückhalt, wir sind hier sämmtlich Freunde.“

„Zuerst müssen wir ohne Rückhalt essen und ohne Rückhalt trinken, Mylord,“ sagte Einer von den Gästen, „denn, meiner Treu, wir haben lange gefastet. Der alte Bursche kann seine Geschichte erzählen, während wir unsere Kinnbacken beschäftigen."

„Nun, nun," sagte der junge Edelmann, der die Launen seiner Leute vollkommen kannte, „es mag so sein. Ich denke, daß wir an diesem einsamen Orte Zeit haben werden und keine Störung zu fürchten brauchen. Bedenkt aber Alle, daß wir zwar Raum genug haben werden, um zu essen und zu trinken und die nothwendigsten Nachrichten einzuziehen, aber doch keine Zeit zur Trägheit haben. Jetzt ist es neun Uhr, und Jeder, der mir folgen will, muß um drei im Sattel sein. Setzt Euch nieder, Ihr Herren, und genießt, was Ihr könnt. Ich habe lange genug in diesem Kampfe gelebt, um zu wissen, daß wir leicht zwei Tage hinter einander fasten können, wenn wir Gelegenheit dazu haben. Eßt und wärmt Euch, sage ich. Master Henry und ich müssen einen Augenblick hinausgehen, um zuzusehen, daß die Pferde gut versorgt werden. Wenn es mit den Leuten nicht der Fall ist, meiner Treu, so werden sie wahrscheinlich selbst zulangen."

Hiermit ging er nach dem großen Stalle hinaus, wo er fand, daß die Pferde eben gefüttert wurden und mehrere von den Leuten sich mit der löblichen Arbeit beschäftigten, Hühner und Hennen zu rupfen, von deren Gegenwart sie das Hühnerhaus schnell entledigt hatten. Ein paar Worte der Warnung und ein strenger Verweis, den er einem Soldaten, den er verstohlen hinter der Stallthür trinken sah, ertheilte, waren das Einzige, was der junge Mann in dem Stalle sprach. Als er aber mit dem noch jüngeren Manne, der ihn begleitet hatte, in dem kleinen Garten stand, wendete er sich ernst zu ihm und sagte:

„Das sind traurige Scenen für Euch, Henry. Es würde gut sein, lieber Junge, wenn sie vermieden werden könnten, aber Ihr selbst habt gefunden, daß die Leibesbewegung, obgleich sie anstrengend und ermüdend ist, doch die Glieder kräftigt und die Constitution stärkt. Und so dient auch für einen edlen Sinn die Erfahrung selbst in Bezug auf rohere und niedrigere Dinge der Welt nur dazu, die hohen reinen Gefühle des Herzens zum Vorschein zu bringen und zu kräftigen. Wir müssen mit diesen Leuten Nachsicht haben, nicht blos wegen des hingebenden loyalen Sinnes, welcher sie erhebt, sondern auch wegen tausend guter Eigenschaften, die sie unter ihrem leichtfertigen Aeußern verbergen. Kein Einziger von den Burschen, die dort die ganze Nacht hindurch trinken und scherzen können, würde sich nicht bereit finden lassen, sein Leben und Alles, was demselben Reize verleiht, morgen auf's Spiel zu setzen, um das zu thun, was sie für eine gute Sache halten."

„Ich glaube es vollkommen, Bernard," antwortete der Jüngling. „Seid Ihr nicht Jahre lang unter solchen Männern gewesen? Nach dem stillen Leben, das ich so lange geführt habe, erregt es aber bei mir einigen Anstoß, solchen Leichtsinn zu sehen."

„Nun, so genießt Etwas zu Abend und geht zu Bett, um Euch auszuruhen," antwortete der Earl. „Es ist am Besten, nicht mit dem, was in unserer gemeinschaftlichen Natur schlecht ist, zu vertraut zu werden. Morgen oder spätestens übermorgen werden wir zu Eurem edlen Vater stoßen, und dann muß baldigst ein Ereigniß kommen, welches Furcht und Hoffnung auf ewig zur Ruhe bringen wird. Der König hat eine schöne Armee, aber die Verräther haben eine noch bessere, und das Land steht nicht in dem Maße auf, wie ich es hätte wünschen können. Wir müssen unser Bestes thun und Gott beschütze das Recht! Aber noch ein Wort, Henry. Wenn ich falle, wie es wohl kommen kann, denn man ist nicht immer im Stande, bei solchen Anlässen durchzukommen, so tröstet die arme Lucy und sagt ihr, daß ich um ihretwillen mein Leben nicht tollkühn auf's Spiel gesetzt habe."

„Ich werde bei Euch sein, Bernard, wohin Ihr auch geht," antwortete Henry Langdale, indem er ihm die Hand drückte. „Aber wir werden hoffentlich bald zu meinem Vater stoßen. Er kann nicht weit entfernt sein."

„Das weiß nur Gott," sagte Bernard March, den wir jetzt unter einem andern Namen vor uns sehen und als den berühmten Lord Dartmoor erkennen, den seine schon im Knabenalter verrichteten Thaten zu dem höchsten Gipfel des Ruhmes erhoben hatten, welcher selbst den seines hochherzigen Bruders, des Herzogs von — verdunkelte, dem sogar die harten Königsmörder das furchtbare Vorrecht gewährten, seinen königlichen Herrn in seinen blutigen Sarg legen zu dürfen. „Das weiß nur Gott! Ich habe seit vielen Tagen nichts von dem König gehört, und vermuthe nur, daß er auf Worcester zu marschiren muß. Die letzten Nachrichten, die ich von Eurem Vater erhielt, kamen aus Lancashire, und seine Briefe waren voll Hoffnung und Muth. Aber ich sage, nur Gott weiß es. Wir sind zerstreut, wie ein Flug Tauben nach dem ersten Schusse des Jägers, die einen hier, die anderen dort. Wir besitzen nur geringe Einheit des Handelns, geringe Mittel, um Nachrichten einzuziehen, während sich auf allen Seiten feindliche Streitkräfte um uns zusammenziehen. Unterdessen waren die jüngsten Nachrichten, die ich aus Frankreich erhielt und, wenn ich mich recht erinnere, die Euren ebenfalls, keineswegs tröstlich — Eure theure, treffliche Mutter war durch die Parteiungen des Landes beinahe aus ihrem eigenen Hause vertrieben, Alles, was wir Anderen anvertrauten, die wir für unsere Freunde hielten, war vernachlässigt worden, wie es mit den Angelegenheiten der Abwesenden stets ergeht; ihre Güter sowohl, wie die ihres Gatten, waren unter den nichtigsten Vorwänden mit Confiscirung bedroht, und Lucy selbst schwebt in Gefahr, in die Hände der schlimmsten Feinde zu fallen. Nein, nein, Ihr müßt am Leben bleiben, Henry, besonders wenn der Tod mein Loos sein sollte. Ihr habt viel zu thun, viele Pflichten zu erfüllen und glücklichere Tage zu sehen, denn die jetzigen Verhältnisse können nicht ewig dauern. Selbst Nationen genesen früher oder später von den Anfällen eines Deliriums, die sich ihrer zuweilen bemächtigen!"

Er sagte dies langsam und mit hoffnungslosem Tone, und dann kehrte er nach dem kleinen Wirthshause zurück. Während der Abwesenheit der beiden jungen Männer hatten die von ihnen zurückgelassenen Gäste der guten Kost des Wirthes Gerechtigkeit widerfahren lassen und augenscheinlich vertraute Bekanntschaft mit dem Steinkruge voll starker Wässer gemacht, mit dessen Besitz er sich gerühmt hatte.

Der Wirth selbst schien etwas unruhig und unbehaglich zu sein, und die Hausfrau hatte allen Anschlägen auf den großen eisernen Kessel, den sie über dem Feuer im Kochen erhielt, nachdrücklichen Widerstand geleistet. „Das sei Suppe für ihren Sohn," sagte sie, und fügte leise hinzu: „sie sei für solche Edelleute, wie sie, nicht gut genug." Wenn ihr aber Jemand zu nahe kam, so zeigte sie einen heißeren Sinn, und da sie hinlänglich gewohnt war, mit dem rauhen Soldatenvolke umzugehen, mochten es nun Cavaliere oder Rundköpfe sein, so hielt sie sie bald mit der großen zweizinkigen Fleischgabel, bald mit dem großen Schaumlöffel fern und unterstützte ihre Beweisgründe durch ein paar siedende Tropfen, die sie von dem letzteren auf das Knie eines zu eifrigen Forschers nach den Geheimnissen des Kessels fallen ließ.

Als der Earl wieder eintrat, sang die eine Hälfte der Gesellschaft Cavalierlieder, die sich weder durch Anständigkeit, noch durch Melodie besonders auszeichneten, während Andere in einem halbtrunkenen Zustande Psalmen anstimmten, die sie wahrscheinlich während einer Periode der erzwungenen hochländischen Unterwürfigkeit gegen die herrschende Partei gelernt hatten. „Hoch die Cavaliere!“ schrieen wenigstens ein halbes Dutzend Stimmen, und obgleich das Erscheinen eines Mannes, den sie Alle trotz seiner Jugend verehrten, einige Veränderung in ihrem Benehmen hervorbrachte, so war es doch unverkennbar, daß sie nach ihrem nassen Ritte freie Nacht zu halten beabsichtigten.

„O, hier kommt Einer, der uns wirklich ein Lied singen kann!“ rief Einer von den lautesten Schreiern. „Mylord, ich habe Euch einmal singen hören, wie noch nie einen Andern. Bitte, gebt uns jetzt ein Lied zu Ehren des Königs Karl.“

„Unter einer Bedingung, Ihr Herren,“ sagte der Earl; „und die ist, daß wir Alle zur Ruhe gehen, sobald ich fertig bin. Bedenkt, daß wir selbst im gegenwärtigen Augenblicke von Gefahren umringt sind und daß die Krone des Königs morgen oder übermorgen von starken Armen und hellen Köpfen abhängen kann. Wehe über den Mann, der wegen eines nächtlichen Gelages oder eines Bechers mit starkem Wasser den Thron seines Souverains gefährden möchte. Wenn Ihr Alle zustimmt, so will ich singen, obgleich ich, die Wahrheit zu gestehen, selbst der Ruhe sehr bedarf."

„Angenommen, angenommen!" riefen mehrere Stimmen, während Einer hinzufügte: „gießt den Krug leer, Oberst Johns; das Singen hat nie einen guten Trunk verdorben." Und Lord Dartmoor setzte sich unter ihnen nieder und sang das bekannte Cavalierslied: „Der König soll wieder erhalten sein Reich."

Dreizehntes Kapitel.

„Nun, Ihr Herren, erfüllt Euer Versprechen," sagte Bernard March, sobald er sein Lied beendet hatte. „Wir wollen zu Bett gehen und uns für den morgenden Tag vorbereiten, denn verlaßt Euch darauf, daß uns Arbeit bevorsteht."

„Genießt Etwas zu Abend und trinkt einen Schluck starken Wassers, Mylord," antwortete Einer der Cavaliere. „Ihr habt den ganzen Tag über weder gegessen noch getrunken, obgleich Ihr gearbeitet habt wie ein Pferd."

„Eine Brodrinde und einen Becher mit kaltem Wasser," antwortete Lord Dartmoor, der recht gut wußte, um wie viel wirksamer das Beispiel in unserer Leithammelwelt ist wie die Lehre. „Wenn die Schlacht gewonnen ist, werde ich Euch in dem vollsten Glase, welches je eingeschenkt worden ist, Bescheid thun. Aber wehe mir, wenn ich etwas anderes als Wasser trinke, bis der König wieder erhalten sein Reich. Zu Bett, Ihr Herren, und erwacht mit starken Armen, hellen Köpfen und muthigen Herzen."

Es entstand einige Verwirrung und Zänkerei, ehe sich die Gäste zerstreuten. Die Einen verlangten die besten Kammern, Andere begnügten sich mit den schlechtesten, wenn nur ihr Anführer gut untergebracht wurde. Noch Andere waren vollkommen damit zufrieden, da zu bleiben, wo sie waren und auf Sesseln oder selbst auf dem Fußboden zu schlafen, ehe sie ihre Beine in Bewegung setzten, die durch den Inhalt des Steinkruges etwas schwankend geworden waren. Der Wirth bestand mit einer Hartnäckigkeit, die von seiner schwachen Natur nicht zu erwarten war, darauf, das beste Zimmer im oberen Stock für Gäste zu bewahren, die, wie er behauptete, während der Nacht ankommen würden, und seine Frau hatte den Schlüssel dazu; die Thür konnte daher nicht ohne Gewalt geöffnet werden, und selbst die Entschlossensten von seinen Gästen fügten sich endlich darein, eher das Unterkommen, welches sie finden konnten, hinzunehmen, als ihre Zeit mit dem Durchbrechen von Eichenplanken zu verschwenden.

Endlich herrschte wieder Stille, und obgleich man Schnarchen von oben und die Töne schweren Schlafes von den kleinen Betten vernahm, die in die Wand eingelassen waren und ziemlich die Form von Messerbretern hatten, wie man sie noch in vielen alten Bauernhäusern in England findet, schien doch Niemand mehr zu wachen, wie der Earl von Dartmoor, der alte Wirth und seine Frau.

Der junge Henry Langdale hatte sich schon vor einiger Zeit zur Ruhe begeben, und die Wirthin saß da und schaute auf den Torf, der für sie der interessanteste Gegenstand in der Welt zu sein schien, während ihr Gatte sich hinter den jungen Cavalier stellte, der in nachdenklicher Stimmung am Tische sitzen geblieben war, und von Zeit zu Zeit einen etwas ängstlichen forschenden Blick auf ihn warf, als wundere er sich darüber, daß er nicht mit den Uebrigen zu Bett gehe.

Endlich wendete sich Bernard March plötzlich nach ihm um und sagte beinahe streng:

„Kommt hierher, Master Grey! Was hat jener Hufschlag von Pferden soeben jetzt zu bedeuten gehabt? Wer sind die Gäste, die Ihr heute Nacht erwartet?“

„Ich erwarte meinen Sohn, Sir,“ antwortete der alte Mann mit etwas zauderndem Tone. „Er ist über das Moor gegangen.“

„Und ist zurückgekehrt und hat mehr als ein Pferd mitgebracht,“ antwortete der junge Edelmann. „Es sind wenigstens sechs Pferde an jenem Fenster vorbeigekommen. Ich habe Euch das Leben gerettet, alter Mann. Wollt Ihr mich verrathen?“

„Da sei Gott vor!“ sagte der Wirth mit Wärme.

„Ich glaube, daß es mein Sohn war. Aber seht Ihr, Mylord, ich hatte Tom, dem Stallknecht, ein paar Worte zugeflüstert, um ihm sagen zu lassen, daß Soldaten im Hause seien und ihn von dem Stalle hinweg nach dem Schuppen dahinter zu führen. Denn, Mylord," und er ließ seine Stimme zu einem Flüstern herabsinken, „er hat Frauenzimmer bei sich — Damen von Stand, und Gott weiß, was in diesen rauhen Zeiten geschehen kann."

Der junge Earl erhob den Kopf mit beinahe hochmüthiger Miene und sagte: „Denkt Ihr, Master Grey, daß ich nicht Gewalt genug über jene Männer habe, um den Besten unter ihnen zurückzurufen, wenn er über die Regeln der gehörigen Disciplin hinausgeht? Meiner Treu, wenn dem so ist, so habe ich mein Lebenlang umsonst gearbeitet. Geht hinaus und heißt jene Gäste herein kommen. Sie sind sicher, selbst wenn sie Cromwell's Töchter wären — doch halt!" fügte er hinzu als sich der Alte entfernen wollte. „Sie haben natürlicher Weise Männer bei sich — wie viele?"

„Ich weiß es nicht, Mylord," antwortete der Alte. „Tom ist nicht zurückgekehrt."

„Ich habe keine Pferde von hier fortgehen sehen," sagte der junge Earl nachdenklich. „Aber wehe Euch, wenn irgend Jemand fortgegangen ist, um die Rundköpfe von unserem Aufenthalt hier zu benachrichtigen.

Geht, und schickt Einen von den Leuten zu mir. Laßt die Uebrigen bleiben, wo sie sind, bis ich Zeit gehabt habe, die Sache zu untersuchen."

Die Strecke von dem Wirthshause nach dem Schuppen schien weit zu sein, denn es dauerte lange, ehe der Alte zurückkehrte. Als er aber wieder kam, war er von einem kräftig aussehenden, etwa dreißigjährigen Bauer von geschmeidigem, aber starkem und musculösen Gliederbau begleitet. Er hatte eines von den aufrichtigen ehrlichen Gesichtern, die man so oft bei dem englischen Landvolke sieht. Denn wenn auch das dunkelgraue Auge und die breite Stirn eine Welt von Verstand zeigten, so war doch nichts Niedriges oder Gemeines in dem Ausdruck des Ganzen zu erblicken, und er erhob den Blick fest zu Lord Dartmoor's Gesicht, als er eintrat, als wäre sein Herz trotz des durchnäßten und beschmutzten Zustandes seiner Kleidung vollkommen ruhig.

„Was ist Euer Name?" sagte der junge Edelmann sofort. „Ich glaube, daß ich Euch schon gesehen habe."

„Leicht möglich," antwortete Jener. „Mein Name ist John Grey oder der junge John, der Sohn dieses alten Kaufmanns."

„Kaufmanns!" sagte Lord Dartmoor mit einiger Ueberraschung.

„Ja," antwortete der Andere. „Als er jung war,

hat er mit harten Schlägen gehandelt. Später handelte er mit glatten Worten und jetzt handelt er mit starken Wässern."

„Nun," antwortete der Earl, „wir haben jetzt keine Zeit zu Räthseln, mein guter Freund. „Wie Viele habt Ihr bei Eurer Gesellschaft?"

„Acht, Sir," antwortete der Bauer. „Drei Frauenzimmer, mich und vier Männer — zwei für sie und zwei für mich."

„Ist das die gleiche Zahl, mit der Ihr aufgebrochen seid?" fragte Lord Dartmoor.

Aber der junge Mann antwortete offen und mit Lachen: „Nein — es ist Einer mehr. Er hat sich uns unterwegs angeschlossen. Wenn Ihr aber zu wissen wünscht, Sir, ob uns unterwegs Jemand verlassen hat, so sage ich nein. Gottes Tod! unsere Pferde würden uns in einer solchen Nacht schwerlich noch weiter tragen. Nun bitte ich Euch, Sir — Mylord nennt Euch mein Vater — laßt uns an das Feuer hereinkommen und etwas Warmes genießen, denn es sind zwei schöne Damen bei uns, aus deren Wangen der Regen das Roth gänzlich weggespült haben würde, wenn es nicht der Himmel hingemalt hätte. Sie sind für so rauhe Nächte nicht geschaffen und das Kammermädchen ebenso wenig, denn sie ist eins von den niedlichsten Geschöpfchen, die ich je gesehen habe, obgleich sie eine Französin ist und nur wenig englisch spricht."

„Und wie heißen sie?" fragte der Earl, dessen Neugier stark erwacht war.

„Meiner Treu, das vermag ich Euch kaum zu sagen," antwortete der Mann. „Die Eine ist eine Gräfin, so viel weiß ich, und die Andere ist ihre Tochter — es würde nicht leicht sein, zu bestimmen, welche die Jüngste oder Hübscheste ist — aber die Junge scheint Einige von Euren Leuten zu kennen, denn als wir hinter dem Hause vorüber kamen, sang eine Person darin: ‚Der König soll wieder erhalten sein Reich', und die Dame sagte, sie kenne die Stimme, und würde gern sogleich hereingekommen sein, aber die Mama war vorsichtiger und wollte sich nicht auf den bloßen Klang verlassen."

„Sie war weise," sagte Bernard March. „Die junge Dame muß sich geirrt haben. Aber ich bitte Euch, laßt sie hereinkommen. Sie sollen sicher sein und gut behandelt werden, mögen sie Französinnen oder Engländerinnen, Rundköpfe oder Cavaliere sein."

„Gott, Sir!" rief die Alte vom Kamin her, „sie sind die Frau und Tochter eines der wackersten Herren, die Ihr je gesehen habt, obgleich er sehr trübe und niedergeschlagen war, als er das letzte Mal hierher kam. „Sie hatten zu jener Zeit eben Seine gesegnete Majestät nach Hampton Court gebracht und der Herr lag drei Monate in unserem Hause versteckt, ehe er über das Wasser kommen konnte. Er hat sich unserer daher, stets erinnert, und vor einer Woche schickte er eben zu Johnny —"

„Still, still, Mutter," sagte der junge Mann. „Seine Ehren sagt, daß sie hereinkommen sollen, und ich will gehen und sie bringen. Ich verlasse mich auf sein Wort, und sie bedürfen Beide sehr der Speise und Ruhe. Sie können ihm sagen, was sie für passend halten, wenn sie ihn selbst sehen. Heutzutage ist es Jedermanns Sache, sein Maul zu halten, wenn ihm nicht die Daumschrauben angesetzt sind, und mitunter selbst dann."

Hiermit verließ er das Zimmer, aber die Alte kam mit einer Neigung zum Plaudern, die man zuweilen bei betagten Personen bemerkt, dicht zu dem jungen Lord heran und flüsterte ihm einige Mittheilungen in's Ohr, die einen erschütternden Eindruck auf ihn zu üben schienen.

Ehe sie aber noch halb fertig war, sprang er von ihr hinweg und sagte:

„Ich will hingehen und nachsehen — er wird doch nicht daran denken, sie an dem Stalle vorüber zu bringen. „Es sind nur zwei Schildwachen ausgestellt und ohne Zweifel liegen sie in tiefem Schlafe denn sie waren sämmtlich todtmüde. Aber wir dürfen keinen Unfall haben," und er öffnete die Thür und wollte eben hinausgehen, als die herannahende Gesellschaft ihm augenscheinlich begegnete und eine liebliche

Stimme rief: „Bernard! Bernard! Ich war davon überzeugt, ich konnte mich in der Stimme nicht irren!“

„Wer da!“ rief eine andere Stimme in geringer Entfernung.

„Gut Freund!“ antwortete die Stimme Bernard March's.

„Sprecht! gebt die Losung!“ lautete die Erwiederung. Aber ehe noch Jemand antworten konnte, zeigte sich in der Finsterniß ein kleines glühendes Pünktchen, und der Earl, der nur zu gut wußte, was dies bedeutete, hatte nur so viel Zeit, um sich zwischen Lucy und die Schildwache zu werfen, als ein Pistol, welches in Folge der feuchten Nacht Anfangs versagt hatte, abgeschossen wurde und die Kugel durch den Rock des jungen Edelmanns fuhr.

„Zu schnell!“ sagte Bernard March laut, indem er sich zu dem Manne wendete, welcher gefeuert hatte. „Warum wartest Du nicht auf die Losung? Schicke Sergeant Loftus her, wir müssen hier bessere Disciplin haben!“

Hiermit führte er Lucy und Lady Langdale in das Wirthshaus, hielt den Finger empor, um vor Geräusch zu warnen, da mehrere seiner Begleiter in der Nähe schliefen, und gebot der Wirthin, die beiden Damen die Treppe hinaufzuführen und für ihre Bequemlichkeit zu sorgen, indem er versprach, in ein paar Minuten zu ihnen zu kommen. Lucy's Hand lag in der ihres Liebhabers, bis sie den Fuß der Treppe erreicht hatten, und dann wurde sie langsam und mit Bedauern zurückgezogen, während selbst die Augen Lady Langdale's eindringlich auf seinem Gesicht ruhten, wo Lucette schon längst alle hochherzigen und schönen Bewegungen in nicht mißzuverstehenden Zügen zu lesen gelernt hatte. Dieses Antlitz war jetzt sehr ernst und Lady Langdale erkundigte sich mit schnell bewegter weiblicher Besorgniß leise nach ihrem Sohne.

„Er ist dort," antwortete Bernard March, indem er auf eines von den kleinen in die Wand gelassenen Betten deutete. „Er ist dort und vollkommen wohl. Auch Sir Edward befand sich wohl und war guten Muthes, als ich zuletzt von ihm hörte."

„Aber Ihr seid nicht guten Muthes, Bernard," sagte Lady Langdale.

„Jener tollköpfige Soldat, der ohne Weiteres auf uns feuerte, ist genug, um einen ernst zu machen, theure Dame," antwortete der junge Earl. „Aber geht hinauf und wechselt wo möglich die Kleidung. Ihr seid sehr durchnäßt. Ich werde Euch kaum Zeit dazu lassen, denn ich bin begierig, zu hören, was Euch und Lucy hierher gebracht haben kann."

Er lächelte bei diesen Worten; ehe er aber noch wieder in der Mitte der Wirthshausküche stand, war sein Gesicht ernster als je.

Diejenigen, welche uns die Theuersten sind, ahnen

nicht, wie furchtbar sie zuweilen unseren Schmerz und unsere Besorgnisse vermehren, wenn sie die Gefahren zu theilen suchen, denen wir selbst uns nothwendiger Weise aussetzen müssen. Ich kann mir recht wohl vorstellen, wie ein tapferer Mann zum Feigling, ein Weiser zu einem Thoren werden kann, wenn er gezwungen ist, Gefahren zu sehen, die allein getragen weder sein Herz noch seinen Geist erschüttern würden, denen aber Diejenigen ausgesetzt sind, denen alle seine Weisheit keine Führung, all' sein Muth keinen Schutz gewähren kann.

Das Zimmer war wieder mit Menschen gefüllt, als er zurückkehrte, denn außer dem alten Wirth und seinem Sohne waren die vier Männer da, die mit den Reisenden angekommen waren, die Schildwache, welche so achtlos gefeuert, und der Mann, welchen der junge Lord Sergeant Loftus genannt hatte — einer von denen, die wir bei einem früheren Anlasse bei ihm in Frankreich gesehen haben.

„Löst diesen Posten ab, Loftus, und bringt ihn in Arrest," sagte der Earl. „Wer ist derjenige, der in meinem Trupp sein Pistol abfeuert, ehe die Losung gegeben werden kann!"

„Ich weiß es nicht, Mylord," antwortete der Sergeant. „Er ist in Lyme zu uns gekommen und wird von Sergeant Haldimand gut empfohlen. Vielleicht war es nur ein Versehen, obgleich er alt genug als Soldat ist, um es besser zu wissen."

„Bringt ihn in Arrest," wiederholte Lord Dartmoor. „Ich darf keine solchen Versehen dulden. Der Knall eines Pistols läßt sich in weiter Ferne hören. Ich will morgen die Sache genauer untersuchen. Hört Ihr, Loftus!" und er zog ihn bei Seite und fügte leise hinzu: „beobachtet Haldimand gut, ich habe meine Zweifel über ihn. Auf den ersten Lärm ruft die Leute unter Waffen und laßt mich holen. Ein Ueberfall an diesem nicht zu vertheidigenden Orte würde verderblich sein."

„Weiter hinten ist eine hübsche große Scheune, Mylord," sagte der Sergeant, „mit einer Thür, die groß genug ist, um vier Pferde neben einander hereinzulassen. Wenn man keine Kanonen dagegen aufführe, so könnten wir sie behaupten, so lange wir Etwas zu essen hätten."

„Nein," sagte der junge Lord nachdenklich. „Auf alle Fälle aber sucht, wenn Ihr könnt, zehn bis zwölf Mann heraus, die nicht betrunken sind, und schickt sie mit gezäumten und gesattelten Pferden für jeden Anlaß bereit hier herauf. Stellt einen alten Soldaten an ihre Spitze, der im Stande ist, eine Gelegenheit zu benutzen."

„Ich bin Euer Mann," sagte eine Stimme, die von einem magern, langen, alten Mann in der Ecke kam, den weder Loftus noch Lord Dartmoor bemerkt hatten, der aber jetzt vortrat und etwas überlaut sprach.

„Ha, Pierrot la Grange!" sagte der Earl. „Ihr seid also mit Eurer gnädigen Frau herübergekommen? Was sagtet Ihr eben? Aber sprecht leise, Mann, sprecht leise, seht den Burschen, der nach der Thür schleicht. Halt, Freund, halt und komme zurück! Bedenke, daß Pistolenkugeln schnell fliegen und Dich eine erreichen wird, ehe Du hinaus kommen kannst."

Der Mann kehrte mürrisch um und nahm seinen Platz in der Mitte des Zimmers wieder ein, während der junge Earl sein Gespräch mit Pierrot und dem Sergeanten fortsetzte.

„Ich habe gesagt, Mylord, daß ich der beste Mann bin, den Ihr an die Scheune postiren könnt. Erstens weil ich ein alter Soldat bin und dann, weil ich dazu passe, eine Gelegenheit zu benutzen. Laßt mich nur sogleich gehen, denn wenn jener braune Krug dort fortfährt, mir in's Gesicht zu schauen, so würde ich mich wieder versuchen lassen, was schlecht ist."

„Nun, dann geht," sagte der Earl. „Man kann Euch draußen ein Stück Rindfleisch geben und Ihr und Loftus könnt Euch abseits berathen. Nur achtet gut auf den Gefangenen."

„Er soll uns nicht Fersengeld geben, dafür bürge ich, Mylord," sagte Loftus. „Ich hatte auch meine

Zweifel — obgleich es nicht paßt, wenn ein Soldat gegen den anderen spricht."

Lord Dartmoor blickte ihn mit ernster, beinahe trüber Miene an.

„Ach, Loftus!" sagte er, „dieses eine Princip, so tief es auch in der menschlichen Natur eingewurzelt und so sehr es durch unsere stärksten und schwächsten Sympathien mit unseren Herzen verknüpft ist, hat mehr gethan, um die Menschen von der Straße der vollkommen erkannten Pflicht abwendig zu machen, als die Habgier, oder der Ehrgeiz, oder die Verrätherei. Unsere erste Pflicht, Loftus, gilt unserem Gott, unsere zweite unserem Vaterlande, dann kommt die gegen unseren König, und derjenige, welcher, wenn er einen gerechten Grund hat, zu sagen fürchtet: ‚dieser Mann, mein Kamerad, mein Freund, mein vertrauter Gefährte ist meinem besten Urtheil nach ein Verräther,' versäumt die höhere Pflicht, um einem geringeren Anspruch zu dienen. Warum soll nicht ein Soldat gegen einen anderen Soldaten sprechen, wenn er weiß, daß er falsch und verrätherisch ist? Bei dem Herrn über mir, wenn ich dächte, daß mein eigener Bruder einen Gedanken gegen die Sache beherbergte, der wir Beide folgen, so würde ich ihn vor dem Angesicht der Erde und des Himmels anzeigen. Aber gute Nacht; nicht mehr. Bewacht den Mann gut — seht scharf auf Haldimand, die Müdigkeit kann mich überwältigen und ich werde vielleicht schlafen, aber ich werde auch bei dem geringsten Laute erwachen. Laßt mich die frühzeitigste Nachricht haben, die Ihr geben könnt. Geht mit ihm, Pierrot. Er hat viele von den besten Eigenschaften eines Soldaten und könnte sowohl Hülfe wie guten Rath ertheilen."

Sergeant Loftus ließ den Kopf hängen und zog sich zurück. Er fühlte wirklich, daß er einen Verweis erhalten hatte, aber dieser Verweis war mit einem Tone und einer Miene gegeben werden, die dem Tadel seinen ganzen Stachel benahm, und er beschloß, diese Nacht kein Auge zu schließen, wenn er auch am nächsten Tage vor Müdigkeit vom Pferde fallen müßte.

Unterdessen war die Hausfrau mit ihren neuen und wie es schien bevorzugten Gästen beschäftigt gewesen. Sie war mit ihrer Magd und ihrem Kessel die Treppe hinaufgeeilt, ohne jedoch zu vergessen, ehe sie ging, eine Schüssel heißer Suppe für ihren Sohn und jedem seiner Kameraden einzugießen. Ein paar Satteltaschen waren hereingebracht und nach den Zimmern hinaufbefördert worden, und der Wirth hatte den großen Steinkrug aus einem Fasse im Schuppen hinter dem Hause neu gefüllt. Lord Dartmoor stand ein paar Momente inmitten der Küche, wo er theils mit Gedanken beschäftigt war, die ich nicht zu entziffern vermag, theils mit scharfen schnellen Beobachtungen der Vorgänge um ihn her. Er betrachtete jede Thür und jedes Fenster in dem Zimmer, ließ sein Auge über die dicken hölzernen Läden und hohen Fensterstöcke gleiten, sah jeden der dicken Bolzen und Riegel an den Thüren, überlief mit seinen Blicken die Gesichter der wachen Männer und hörte das schwere Athmen und gemessene Schnarchen derjenigen, die eingeschlafen waren. „Sie mögen schlafen,“ sagte er zu sich, „sie mögen schlafen, ich muß wach bleiben, wenn ich kann. Und doch, wie armselig ist die menschliche Natur! Wie sehr wird der Geist von der Schwäche des Leibes niedergezogen.“ Er sprach ein paar freundliche Worte zu dem Sohne des Alten, der am Tische saß, und mit dem scharfen Appetit, welchen der Hunger giebt, sein lange hinausgeschobenes Mahl verzehrte, und dann schlug er den Weg nach den oberen Zimmern ein.

Wir haben jedoch keinen Raum, uns bei den Aufklärungen zu verweilen, welche ihm jetzt ertheilt wurden; oder zu berichten, wie ihm erzählt wurde, daß Mirepoix in Folge der unruhigen und stets wechselnden Lage der Parteien Frankreichs für Madame de Langdale und ihre Tochter keinen Zufluchtsort bieten konnte, und wie Belaye sich sogar in den Händen von Personen befinde, deren Freundschaft mehr als zweifelhaft sei. Er fand, daß Sir Edward Langdale sowohl wie sie selbst geurtheilt hatten, daß viele Theile von England ihnen eine sicherere Zuflucht bieten würden, als irgend ein Ort in Frankreich, und daß er es gewesen war, welcher den jungen John Grey nach der Küste abgeschickt hatte, um sie dort zu empfangen und bis Eavesham zu geleiten, nach welchem Orte Sir Edward aus dem östlichen Theil von England auf dem Marsche war.

Bernard sagte kein Wort von den Besorgnissen — ja, den Befürchtungen, welche in seinem eigenen Herzen durch den, wie er mit Recht dachte, unüberlegten Sturz derjenigen, die er am liebsten hatte, in die Mitte eines Strudels von Gefahren und Schwierigkeiten hervorgerufen wurden, und ebenso wenig ließ er sie sehen, daß ihre Anwesenheit die Verlegenheiten eines der schwierigsten Märsche vermehrte, die jemals durch ein von Feinden wimmelndes Land gemacht worden sind: Er sprach ebenso heiter, wie Sir Edward geschrieben hatte, nannte ihre kleine Schaar „eine Verstärkung,“ und versprach ihnen kühn, sie wohlbehalten zu ihrem Gatten und Vater zu escortiren, obgleich er alle Schwierigkeiten und Hindernisse sah, die in ihrem Wege lagen.

Einige wenige, sehr wenige Momente wurden von ihm und Lucy den holden Liebkosungen und tröstenden Worten der Liebe geschenkt, und dann sagte er ihnen, daß er am nächsten Morgen bei Tagesanbruch abmarschiren müsse, überließ sie ihrer kurzen Ruhe und stieg nach dem unteren Zimmer hinab.

Er fand dasselbe als die Wohnstätte des Schlafes, und der alte Wirth und seine Frau, die kälteres Blut in den Adern hatten als die Uebrigen, nickten an dem

Feuer, ihr Sohn und seine drei Gefährten, die alle Betten voll gefunden hatten, schlummerten um den Tisch, und die erste Abtheilung der Cavaliere ließ immer noch ihre schweren Athemzüge von den Orten her vernehmen, wo sie sich zum Schlafen niedergeworfen hatten. Lord Dartmoor blieb ein paar Minuten inmitten der Küche stehen. Er befand sich in einem der Momente aufgeregten Denkens, welches zuweilen den Schlummer von unseren Augen verbannt, wie müde sie auch sein mögen, und murmelte eben die Worte: „nutzlos, nutzlos!" vor sich hin, als er draußen einen Schritt zu hören glaubte und seine Augen zu der Thür erhob, die nach der Straße hinausging. Sie war verschlossen und bewegte sich nicht, aber an dem kleinen Fenster zur Rechten sah Bernard deutlich die Gestalt eines Mannes und konnte einen aus dem Zimmer fallenden Lichtschein auf einer stählernen Pickelhaube und einem Brustgürtel wahrnehmen. Er bewegte sich einen Moment gar nicht und der Ausdruck seines Gesichts veränderte sich kaum, aber dann schritt er nachlässig auf den Tisch zu, nahm einen Sitz unter den schlafenden Männern ein, verschränkte seine Arme auf der Tafel und legte den Kopf darauf, wie um zu schlafen. Es verging eine Viertelstunde und er regte sich nicht. Dann vernahm man eine leise Bewegung der Thür. Sie öffnete sich etwa drei Finger breit und doch war Alles still. Sie knarrte ein wenig und öffnete sich weiter und weiter, bis sich endlich die ganze Gestalt eines Mannes zeigte, dessen scharfe graue Augen unter dicken Brauen hervor im Zimmer umher schweiften und die Schläfer zu zählen schienen.

Aber in diesem Momente erhob sich eine mit einem langen Reiterpistol bewaffnete Hand über den Tisch, und ehe der Mann noch etwas anderes thun konnte, als eine leichte Bewegung zum Rückzug zu machen, hatte Bernard March abgedrückt. Der Hahn schlug nieder, der Knall erschallte durch das Haus und die Pikelhaube stürzte klirrend auf den Backsteinboden nieder.

Vierzehntes Kapitel.

Obgleich der Knall eines Pistols in einiger Entfernung in freier Luft vor ein paar Stunden nicht im Stande gewesen war, die schlafenden Cavaliere zu wecken, war es doch mit dem Knall eines so dicht bei ihnen abgefeuerten Schusses etwas anderes. Von dem Tische, aus den Stühlen rund umher, von den kleinen Betten an der Seite sprangen die plötzlich allarmirten Gäste der Wirthshausküche, und ein Jeder von ihnen hatte mit der Besonnenheit von Männern, die an allstündliche Gefahren gewöhnt sind, irgend eine Waffe in der Hand, während mitten unter ihnen Lord Dartmoor mit dem so eben abgefeuerten Pistol immer noch in der Faust da stand und der hellblaue Dampf der Explosion sich um ihn emporkräuselte.

„Was giebt es?“ rief Einer.

„Wer hat den Schuß abgefeuert?“ fragte ein Anderer.

„Still," rief der junge Earl, indem er die Hand mit einer streng gebietenden Geberde emporhielt.

Alles blieb augenblicklich stumm, und die erfahreneren Soldaten, welche sofort erkannten, was ihr Anführer meinte, senkten den Kopf und lauschten aufmerksam. Man vernahm bald vorüberlaufende Füße und dann das Galoppiren eines Pferdes.

„Ich habe den Schuß abgefeuert," sagte der Earl zur Antwort auf die letztere Frage. „Ihr Herren, unser Marsch ist verrathen! Ich hatte gedacht, daß wir ohne Kampf nach Evesham gelangen könnten, denn es würde am besten gewesen sein, die Leute wie die Pferde frisch zum Dienst des Königs herbeizubringen. Ohne Zweifel werden wir aber gute Auskunft über jede Rebellenabtheilung ertheilen können, auf die wir morgen stoßen. Lilburn und seine Leute sind weit nach Norden gegangen und gegenwärtig wahrscheinlich bereits von dem guten Earl von Derby geschlagen. Ihre Streitkräfte in dieser Gegend müssen gering sein. Hebe Jemand den Burschen auf und durchsucht ihn. Wir finden vielleicht bei ihm Beweise dafür, wer ihn angestiftet hat und Auskunft über den Feind — Henry," fügte er flüsternd zu Lucy's Bruder hinzu, „schleicht Euch geräuschlos die Treppe hinauf und seht zu, ob dort Jemand von dem Lärm geweckt worden ist und sich rührt. Wenn Ihr sie geweckt findet, so beruhigt sie, wenn Alles still ist, so kommt wieder herab."

„Mylord, dies sieht wie ein Cavalier aus," sagte Einer von Denjenigen, die den Todten aufgehoben hatten, denn er war eine Leiche und die Kugel war ihm mitten durch den Kopf gegangen.

„Dann sieht er nicht wie das aus, was er ist," antwortete Lord Dartmoor, indem er sich ihnen näherte. „Er war ein Spion und ohne Zweifel ein Verräther. Seht Ihr nicht seinen Gürtel? Und jene Eisenhaube ist Londoner Arbeit, wenn ich jemals ein in Ivy Lane geschmiedetes Kopfstück gesehen habe. Wenn das nicht der Fall war, so hat er sehr viel Unglück gehabt, denn wenn er sie nicht getragen hätte, so würde er bis zu einem anderen Tage am Leben geblieben sein. Was ist das für ein Papier, Oberst Parry? Laßt mich es sehen!"

„Es scheinen Anweisungen zu sein," sagte der Edelmann, zu welchem er sprach, indem er ihm das Papier überreichte. „Sie sind nicht besonders gut geschrieben und ebenso wenig gut buchstabirt."

„Bringt die genaue Zahl der Schlechtgesinnten," las der Earl; „sucht Sergeant H — zu sprechen —" bei meinem Leben, Sergeant Haldimand — „gebt dem gottesfürchtigen Manne zu wissen, daß seine Nachrichten den Gewässern von — wie heißt der Ort? — gleichen; obgleich sie Anfangs bitter waren, könnten sie doch später süß gemacht werden. Wir haben nicht gottesfürchtige Männer genug bei der Hand, um heute die Amalekiter zu schlagen, und es fehlt an Eisen und Kohle. Aber wenn er Mittel ersinnen kann, wie die prahlerischen Götzendiener nur vier Stunden lang aufgehalten werden können, so werden wir ihnen bei dem Uebergange des Baches, von dem Du weißt, auf die Fersen kommen und sie dort erschlagen. Versäume nicht, die Zahl so genau zu bringen, wie es sein kann, damit wir nicht in Fallstricke gerathen, und verbreite unterwegs die Kunde von unserem Zusammentreten unter allen zuverlässigen Männern. Vergiß nichts, und laß unseren habgierigen Kameraden nicht vergessen, daß eine Belohnung von hundert Pfund für den Kopf jener Vyper, des Earl's von D — —, mag er todt oder lebendig sein, ausgeboten ist. Er schläft, wie man berichtet, bei Nacht nur wenig, und pflegt umher zu schleichen, wie der Löwe, der da suchet, wen er verschlinge. Es wird schwer sein, ihn lebendig zu fangen, aber ein zufälliger Schuß könnte gute Dienste leisten und würde seinen Lohn empfangen."

Der junge Earl lächelte, während er dies sagte, und Mehrere seiner Schaar thaten das Gleiche, als sie diese Beschreibung ihres Anführers vernahmen. Der junge John Grey meinte:

„Wird es nicht am besten sein, Haldimand zu hängen, Mylord? Ich weiß, daß er drei Mal den Rock gewendet hat, wenn er der Mann ist, für den ich ihn halte. Der Vater hat einen guten dicken Strick im Schuppen. Er könnte eine schlimmere Verwendung erhalten."

„Nein," antwortete Lord Dartmoor, „nein, ich richte nicht, John. Auf meine Ehre, Ihr Herren, wenn die Geschäfte des Königs weniger dringend wären, so würde ich diesen Herren gern eine Gelegenheit gegeben haben, die Amalekiter einzuholen. Es scheint mir, als ob der Verfasser dieses unterschriftslosen Briefes etwas zu zuversichtlich ist, und wenn wir uns aufhielten, so könnte der Bach — es muß der Suttonbach sein, der etwa zehn Meilen vor uns liegt — von anderem Blute geröthet werden, als dem unseren. Das darf aber nicht sein. Es ist ein Fehler von vielen unserer Freunde gewesen, den Hauptzweck um eines kleinen Vortheils willen zu vergessen. Der König befindet sich jetzt bereits im Herzen des Landes, und jeder Degen, der gezogen werden kann, muß zu ihm eilen."

„Ein Hurrah für den König!" riefen mehrere Stimmen um ihn her.

„Ein Hurrah für den König und möge der Teufel Oliver's Nase holen!" schrie ein Anderer.

„Der Brauer ist zu Bett gegangen
Bett gegangen, Bett gegangen,
Der Brauer ist zu Bett gegangen
Hollah, heda, ho!

„Der Brauer ist zu Bett gegangen,
Hat ein Tuch um Kopf gehangen,
Was kümmert's mich, wär' er gehangen,
Hollah, heda, ho!“

sang einer von den Cavalieren, dessen kurzer Schlaf die Wirkung des starken Getränks noch nicht ganz verscheucht zu haben schien.

Lord Dartmoor schien über den ungeziemenden Lärm höchst ungehalten zu sein und bemühte sich zwei Mal, ihm Einhalt zu thun, indem er die Hand erhob und rief:

„Still, Ihr Herren, still! Nicht allein vielleicht, weil er dachte, daß die Töne die über ihm Befindlichen wecken könnten, sondern auch weil er nicht wollte, daß die holde Lucy Langdale auf so rauhe Weise mit den Excessen Derjenigen bekannt gemacht werden solle, mit denen ihr Vater und ihr Geliebter vorübergehend Kameradschaft halten mußten.“

„Still, Ihr Herren,“ rief er endlich selbst in einem lauteren Tone. „Ihr unterbrecht wahrscheinlich die Ruhe von Personen, die Ihr als Cavaliere und Gentlemen zu beschützen und zu behüten verbunden seid. Ihr wißt nicht, daß wir außer jenem Verräther heute Abend noch andere Gäste erhalten haben — Damen, die auf der Reise zu ihrem Gatten und Vater sind, einem der loyalsten Unterthanen, die König Karl I. oder Karl II. je besessen haben — dem wackeren Sir Edward Langdale. Sie werden morgen unter unserer Escorte weiter gehen, aber ich weiß sehr gut, daß die Anwesenheit von Damen nie die Scheide von dem Degen eines echten Gentlemens genommen hat, wenn er zu ihrer Vertheidigung gezogen wurde. Und wenn wir uns schlagen müssen, so werden wir um so besser kämpfen, weil solche Augen auf uns blicken. Ha, Henry, hat der Lärm sie geweckt?"

„Sagtet Ihr meine Mutter und meine Schwester?" fragte begierig der junge Henry Langdale, welcher im Herabsteigen die von dem Earl so eben gegebene Mittheilung vernommen hatte. „Nein, oben ist Alles still."

„Möge es so bleiben," sie bedürfen der Ruhe," antwortete Bernard. „Nun, Ihr Herren, zur Berathung. Laßt Jemanden den Spion hinausschaffen, aber seinen Körper noch genauer durchsuchen. Ihr habt gehört, daß die Rundköpfe über uns herfallen werden, und vielleicht mit starken Streitkräften, wenn wir ein paar Stunden lang hier aufgehalten werden können. Obgleich jenes unterschriftslose Papier sicherlich nicht die Handschrift eines Soldaten ist, so kann er doch vielleicht morgen kriegsgewohntere Leute bei sich haben. Wir müssen auf unserer Hut sein."

„Würde es nicht am besten sein, sofort zu marschiren?" fragte Einer von den Umstehenden.

„Nein," antwortete der Earl beinahe hochfahrend; „sie sollen nicht sagen, daß ich geflohen sei. Wir bedürfen Alle der Ruhe; die Pferde mehr als sonst Jemand. Laßt uns zu der angesetzten Stunde gehen, als ob dieses Papier nicht in unsere Hände gefallen wäre. Wir können noch drei Stunden schlafen, aber Jemand muß darauf sehen, daß unsere Posten verdoppelt werden; er muß die Leute aussuchen und solche Anordnungen treffen, daß wir nicht überfallen werden können."

„Das will ich auf mich nehmen," sagte ein alter Mann mit hartem Gesicht. „Ich kenne Jeden von diesen Jungen oder doch die Meisten von ihnen, und weiß, wozu Jeder paßt — welcher einnickt und welcher beide Augen weit offen halten wird. Aber ich dachte eben daran, daß das, was Euer Herrlichkeit gesagt hat, wahr ist. Sie könnten versuchen, uns zu überfallen. Der todte Bursche hier hat einen Begleiter gehabt. Ich hörte ihn davon galoppiren, als ich eben aus dem Bette sprang, und ohne Zweifel wird er sie schneller heranbringen, als sie gedacht hatten."

„Vielleicht, vielleicht auch nicht," antwortete der Earl. „Diese Männer waren augenscheinlich nicht auf einen plötzlichen Kampf vorbereitet. Ich denke auch, daß unsere Schaar zahlreicher ist, als sie sich vorgestellt hatten, und wenn ihr Spion dies gefunden hat, so könnte sein Bericht sie möglicher Weise von jeder Bewegung abschrecken, besonders wenn sie wissen, daß sein Kamerad getödtet oder gefangen ist, und daß wir ihre Absichten erfahren haben. Nein, nein! Sie können noch nicht gerüstet sein. Wir haben einen der schnellsten Märsche gemacht, die man kennt, und fast in jedem Dorfe Zuwachs erhalten. Wenn nicht irgend ein Unglücksfall Verstärkungen für Cromwell des Weges geführt hat, so besitzen sie zwischen diesem Orte und Worcester keine Streitkräfte, durch die wir uns nicht hauen könnten. Aber dennoch dürfen wir keine Vorsichtsmaßregeln versäumen. Ich danke Euch sehr dafür, mein guter Freund, daß Ihr mir die Sorge für die Wache von den Schultern nehmt, denn ich denke, daß ich etwas Ruhe haben muß. Ich habe diese Nacht nicht geschlafen."

„Und vergangene Nacht ebenso wenig," sagte der alte Soldat mürrisch. „Ich sah Euch hinausschleichen und die sämmtlichen Runden machen, als wir in dem ‚Hufeisen und Elster' übernachteten. Wie Ihr es einrichtet, weiß ich nicht. — Ihr seid nur ein schlanker junger Bursche, und doch thut Ihr mehr, als irgend drei Männer von dem doppelten Gewichte. Nun, Ihr Jungen, haltet Euch Alle ruhig und laßt den guten Lord ein wenig schlafen. Ich bürge dafür, daß er morgen vor Euch Allen aufgestanden sein wird."

Der alte Mann verließ das Zimmer, indem er einen von den jüngeren Officieren mitnahm, und zwei von den anderen Männern trugen die Leiche des Soldaten in den Schuppen hinter dem Hause. Hier durchsuchten sie ihn nochmals, aber vergebens. Man fand bei ihm nichts als eine kleine Geldsumme und ein Spiel stark abgenutzter Karten, welches bewies oder zu beweisen schien, daß er Einer von den leichtsinnigen Burschen war, die in jener Zeit zwischen den beiden großen Parteien hin und her schwankten; die eine betrogen und verriethen und von der anderen wegen gewisser nützlicher Eigenschaften geduldet und verwendet wurden; die, ihren Augen nach, gleich der christlichen Liebe eine Menge von Sünden bedeckten, welche ihren frommen Grundsätzen am widerstrebendsten waren. Lord Dartmoor blieb bis zu ihrer Rückkehr im ruhigen Gespräch mit dem jungen Henry Langdale, während von den übrigen Cavalieren die Einen auf den Stühlen rund umher saßen und nickten, Andere wieder in ihre Betten schlüpften und bald von Neuem in tiefem Schlafe lagen. Das Ereigniß der Nacht ging als eine geringfügige Sache an Männern vorüber, deren ganzes Leben in täglicher Gefahr und Aufregung verstrich. Es war ein Mann getödtet, ein Leben beendigt worden, ein thätiges, geschäftiges Menschendasein, mit allen seinen Gefühlen und Sympathieen, seinen Fehlern und Thorheiten und vielleicht auch seinen Tugenden war ausgelöscht worden, aber was kümmerte sie das? Sie hatten so manchen Mann auf diese Weise sterben sehen, sie waren bereit, den nächsten Tag auf gleiche Weise zu sterben. Wir werden in unseren Studierstuben zu weich. Das Schlachtfeld ist der Ort, um die Menschenherzen gegen die entnervenden Sympathieen unseres Erden[illegible]seins zu stählen.

Was waren die Gefühle des Earl's [illegible] moor? Seine Hand hatte den Schuß a[illegible]r hatte mit Vorbedacht Demjenigen, welch[illegible]hin-ausgetragen worden war, das Leben [illegible] Sein Herz war ebenso warm und gütig und [illegible]hig, wie das irgend eines Menschen auf der [illegible] — ebenso abgeneigt, Schmerz zu bereiten, ebenso bereit, Vergnügen zu gewähren, ebenso rücksichtsvoll für die Gefühle Anderer, ebenso vorsorglich für das Leben Anderer. Aber es war keineswegs schwach. Er hatte kein Bedenken gefühlt, als er feuerte, er hatte keine Reue gefühlt, nachdem es geschehen war. Er hatte seine Pflicht gethan. Das war für ihn genug.

Fünfzehntes Kapitel.

Die Sonne, welche zu jener Jahreszeit ein früher und oftmals leider auch ein unwillkommener Gast ist, stand mehr als eine Hand breit unter dem Horizonte, aber sie hatte ihre Boten in Gestalt der schiefen Strahlen vorausgesendet, welche die Säume der braunen Wolken mit Gold befranzten und einen gelben, fortwährend stärker werdenden Schimmer über den grauen Himmel ausbreiteten. Der Regen hatte aufgehört, die Morgendämmerung war schön, die Verheißung des kommenden Tages heiter wie die Hoffnung. Aber doch lagen die Thränen von gestern auf dem Grase; schwere Tropfen fielen langsam von den Blättern der niedrigen Bäume, und als das Auge über das Moor hinschweifte, schimmerten kleine von der Sündfluth der vergangenen Nacht angeschwollene Teiche in dem stärker werdenden Lichte. Es war überdies windstill. Der Wind, welcher während des vorigen Abends mit den schweren vom

Himmel fallenden Güssen gespielt hatte, wie um zu zeigen, auf welche Weise das feinere Element das dichtere bewältigen kann und es bald da-, bald dorthin schleuderte, wohin es nicht gehen wollte, [illegible] sich gänzlich gelegt, und man konnte kaum das Laub der Espe an seinen Stielen zittern sehen.

Aber es bedurfte weder des Regenrauschens, noch der Windstöße, um Lord Dartmoor zu wecken. Er war bei dem ersten Morgenstrahle erwacht, und eine Soldatentoilette war bald beendigt. Eine reichliche Abwaschung und es bedurfte nichts weiter. Das blonde, vom Gesicht zurückgeworfene Haar fiel sofort wieder in seine natürlichen Locken, und der spitzige Kinnbart und lange Schnurrbart bedurfte keines Rasirmessers. Der breite Büffelledergürtel über seine Schultern war bald umgeworfen und die blaue Schärpe mit ihrem Degenknoten brauchte zum Anlegen keine lange Zeit. Das ganze Geschäft nahm vielleicht zehn Minuten in Anspruch, aber während es seinen Fortgang nahm, hätte Jeder — wenn irgend Jemand dasselbe beobachtete — wahrnehmen können, daß die anscheinend so zarte jünglingshafte Gestalt wirklich eine sehr kräftige war, daß die Brust tief und ausgedehnt, die Schultern breit und musculös, und die Arme, wenn auch etwas lang, doch mit scharf gezeichneten Muskeln versehen waren, die schon für das Auge Kraft und Ausdauer verkündeten; ein Jeder schien gesondert und getrennt dazuliegen, wie das Tauwerk eines Schiffes, aber jeder war für sich allein schon ungemein kräftig und gab die Idee der Thatkraft und Rüstigkeit.

Während der Degen besichtigt und wieder in die Scheide gesteckt wurde und die Pistolen frisches Zündkraut erhielten, blickte Bernard March auf die schlafenden Gefährten um ihn her, die durch seine Zurüstungen nicht geweckt worden waren. Und wenn er sie vielleicht auch einigermaßen um die Fähigkeit beneiden mochte, die Last der Gedanken so vollständig abzuschütteln, konnte er sich doch des Gefühls nicht enthalten, daß diese Unempfindlichkeit zwar eine Segnung sein mag, aber nur eine Segnung der niederen Klasse ist.

„Nun, sie mögen noch ein wenig schlafen," sagte er zu sich. „Zehn Minuten eines solchen Schlafes sind für sie eine Welt von gespanntem Wachen werth. Die ihnen gestattete Zeit ist noch nicht ganz abgelaufen. Sie mögen schlafen; ich bin zu ungeduldig."

Aber Bernard March, der sich vielleicht ein wenig selbst täuschte und während er die pünktliche Erfüllung der Pflicht so streng erheischte, als es die Umstände gestatteten, war stets bereit, die Arbeit zu erleichtern, indem er den größten Theil der Last auf sich nahm. Und obgleich er in aller Stille Henry Langdale weckte und ihm gebot, aufzustehen und seine Mutter und Schwester zu wecken, um sie zum Abmarsch vorzubereiten, sobald die Sonne wirklich aufgegangen sein würde, ging er doch selbst hinaus, um die Posten zu visitiren und die nöthigen Befehle zu einem frühzeitigen Abmarsch zu ertheilen.

Er fand den alten Soldaten, welcher die Besorgung der Wache während der letzten Stunden der Finsterniß übernommen hatte, auf einem Trittstein zwischen dem Hause und den Ställen. Man konnte kaum sagen, daß der gute Mann schlafe, obgleich er nickte. Es war der Schlummer, wenn es überhaupt ein Schlummer war, des großen Haushundes, der bereit ist, jeden Augenblick nach der Kehle eines Feindes zu springen, der sich vielleicht für unbemerkt gehalten hätte. Er sprang auf, sobald der Schritt seines Anführers in seiner Nähe war, aber es war weder eine Spur von Schläfrigkeit, noch irgend ein Versuch, sie zu verbergen oder zu entschuldigen, wahrzunehmen; er dehnte sich weder, noch gähnte er oder beklagte sich über die schwere Anstrengung des letzten viertägigen Marsches, sondern sagte blos dem Earl, daß Alles gut gegangen sei, obgleich Sergeant Haldimand sehr unbehaglich geschienen hätte.

„Laßt sämmtliche Leute wecken," sagte der Earl, „die Pferde satteln und den Trupp sich zum Aufbruch in einer halben Stunde bereit halten. Aber, mein guter Freund, laßt auf jedem Pistol nach dem Zündkraut sehen und sorgt dafür, daß jeder Degen leicht aus der Scheide geht. Ich habe ein Gefühl, als ob wir ihn würden ziehen müssen. Vielleicht ist es blos eine Einbildung, aber wir leben in Zeiten, wo die Vorsicht niemals nutzlos ist."

„Sie ist zu keiner Zeit nutzlos," sagte der Andere. „Jener Haldimand würde in der vergangenen Nacht zwei Mal durchgegangen sein, wenn Ihr nicht Vorsichtsmaßregeln ergriffen hättet, aber er betheuerte, daß es nur daher komme, weil er keinen Verdacht ertragen könne und daß er nicht mit Eurem Trupp dienen wolle, wenn Ihr kein Zutrauen zu ihm fühltet. Wenn ich in Eurer Stelle wäre, so würde ich ihn erschießen, ehe wir gehen. Es würde jetzt und später Mühe sparen."

Lord Dartmoor schüttelte lächelnd den Kopf und sagte:

„Pulververschwendung, Master Clarke, Pulververschwendung! Ihr seid nicht sparsam. Wir können vielleicht bewirken, daß er Einige von seinen Freunden erschießt, ehe der Tag vorübergeht, und es vielleicht einrichten, daß sie ihn erschießen. Das wird eine doppelte Ersparung sein. Aber wie gesagt, ruft sämmtliche Leute unter Waffen und in den Sattel. Die in der Scheune halten ihre Pferde schon bereit. Schickt die Pferde für die Damen zuerst vor; dann kommt mit den übrigen nach. Bedenkt, daß Ihr nur eine halbe Stunde habt."

„Es ist geschehen, Mylord, es ist geschehen," sagte der alte Soldat; „ich habe nur noch ein's sagen wollen. Wenn ich von einer Kugel über den Sattelknopf geworfen werden sollte, so vergeßt nicht, daß ich in South Moor einen etwa vierzehnjährigen Jungen habe. Nehmt Ihr Euch seiner an. Seine Mutter hat Gott vor sechs Jahren zu einem Engel gemacht. Nehmt Ihr Euch seiner an, zieht ihn dazu auf, seinen König zu lieben und lernt ihm leben, wie ich gelebt habe, und sterben, wie ich gestorben bin."

Der Earl drückte fest seine Hand, und der wackere Soldat fühlte, daß dieser Druck so gut war wie ein Gelübde. Hierauf schlug der junge Lord wieder den Weg nach dem Hause ein und ertheilte in der Küche verschiedenartige Befehle, die bei einer regelmäßig organisirten Streitmacht wohl überflüssig gewesen sein würden; obgleich aber Alle oder die Meisten gediente Soldaten waren, so waren doch auch Alle Freiwillige, die einem plötzlichen Rufe gehorchten, um ihm in der Noth des Königs zu folgen, und die, wenn ich mir den Ausdruck erlauben darf, noch nicht in dem Regiment, welches er ausgehoben hatte, in ihre Plätze gerüttelt worden waren.

Es gab dort nur wenig überzählige Leute. Da er gewohnt war, sich selbst zu bedienen, so halfen seine eigenen Domestiken die Glieder seiner Compedenten verstärken, und die einzige Bedienung, welche ihr Herr verlangte, war die Sorge für seine Pferde. Jetzt war in dem Wirthshause Alles geschäftig geworden. Der Eine hatte den Anderen geweckt, und obgleich

Manche gähnten und Manche sich im Kopfe kratzten, so hatte doch Jeder irgend einen Schritt auf die erneute Thätigkeit zugethan, die das Leben eines jeden Tages war. Henry Langdale war nicht zugegen, denn er hatte sich hinaufbegeben, um seine Mutter und Schwester zu wecken, und die Hausfrau und ihr Gatte waren geschäftig, Alles, was sie liefern konnten, zu einem Mahle für die Soldaten vor ihrem Abmarsch herzurichten. Der junge Grey hatte sich erhoben und trat aus der Thür, als eben Lord Dartmoor hereinkam, und in den Ställen, wo so Viele der Soldaten geschlafen hatten, war Alles eifrige Geschäftigkeit.

„Nun, Henry, wie haben sie geschlafen?“ fragte der Earl am Fuße der Treppe, wo er seinem jungen Schützling begegnete, als er eben hinaufsteigen wollte. „Machen sie sich schnell fertig?“

„Sie sind geschäftig wie geweckte Bienen,“ antwortete Henry. „Geht Ihr hinauf, um sie zu besuchen?“

„Wenn ich wieder herabkomme,“ sagte Bernard March. „Ich gehe nach dem oberen Stock des Hauses, um mich in der Gegend umzusehen. Sie ist flach und kahl genug, wenn ich mich recht erinnere, bis wir an die Woodfordbrücke kommen; aber es ist immer am besten, den Weg zu besichtigen, denn die Kahlheit, welche uns zu sehen gestattet, läßt uns auch gesehen werden. Geht Ihr hinab und haltet die Leute in Thätigkeit, Henry. Ihr seht, daß die Sonne eben über den Horizont heraufkommt."

Hiermit schritt er vorüber, erreichte den kleinen Corridor — Lady Langdale und Lucy hatten die Nacht in einem auf denselben hinausgehenden Zimmer zugebracht — stieg eine zweite kurze Treppe hinauf und kletterte auf das Dach hinaus, da er sich unten von der Hausfrau hatte berichten lassen, wo sich die Fallthür befand. Es war eine ziemlich gefährliche Kletterei, denn die Winkel waren wie damals in England fast überall scharf und häufig, aber endlich erreichte der junge Earl einen Punkt, von wo er Rundschau halten konnte.

Die Aussicht war auf drei Seiten sehr umfassend. Es war nicht gerade eine rein englische Landschaft, denn ihre Hauptzüge waren ungewöhnliche, aber es war eine für England sehr charakteristische Landschaft. Die Sonne war, wie Lord Dartmoor gesagt hatte, eben über den Horizont heraufgekommen und schickte ihre Morgenstrahlen über die ganze Landschaft. Sie waren noch zu schwach, um die Sündfluth der vergangenen Nacht selbst zu den leichten Nebeln aufzulösen, welche oftmals die ersten Schritte eines Morgens begleiten, aber doch hell genug, um jeden Tropfen auf den Bäumen oder im Grase zu flüssigen Rubinen zu verwandeln. Auf der einen Seite — derjenigen, von wo der junge Earl mit seinem Trupp gekommen war — wurde die Aussicht durch Wald und Hecken begrenzt, aber um diese kümmerte er sich sehr wenig, denn er wußte, daß jener Landestheil loyal war und daß er von jener Seite her keine Verfolgung zu erwarten hatte. Auf den drei übrigen Seiten dehnte sich das ebene Moor hin, von dem wir früher gesprochen haben. Diejenigen, welche viel in Worcestershire und der Umgegend gereist sind, müssen sich seiner vollkommen erinnern, denn es bietet einen merkwürdigen Contrast mit den angenehmen Wellenlinien jener reizenden Gegend dar, und obwohl es geringfügige Ungleichheiten giebt — hier und da eine Delle — dort einen kleinen mit dunklen Fichten bewachsenen Hügel — einen schmalen Waldgürtel — eine Sandgrube oder einen niedrigen kahlen Kiesrücken — so kann doch derjenige, welcher auch nur auf dem Dache eines niedrigen Hauses steht, die ganze Haide übersehen und jeden Gegenstand wahrnehmen, der nicht viel größer wie ein Schooßhund ist.

Der Earl warf einen allgemeinen Blick um sich und ließ dann langsam und bedächtig sein Auge über die ganze Ausdehnung der Ebene gleiten, die sich von einer Linie etwa zwei Meilen von ihm bis zum Horizont hinbreitete, wo einige Hecken und dunkle Bäume bewiesen, daß wieder Anbau und Fruchtbarkeit vorwalteten. Allmälig wurde der Kreis seines Blickes enger und enger, verließ die große Ebene und durchspähte die Gegend in größerer Nähe bei der Stelle, wo er stand.

Jenes kleine Wirthshaus war, wie ich erwähnt habe, gewissermaßen der letzte Vorposten des menschlichen Fußes am Saume der Wüste. Hier war das Haus selbst, welches wahrscheinlich ein Fünftel seiner Einkehr dadurch erhielt, daß es der letzte Ruhe- oder Erquickungspunkt vor dem Flußübergange war. Dort befanden sich die Stallungen nur in geringer Entfernung der Schuppen, dahinter zwei bis drei kleine Nebengebäude von geringer Wichtigkeit, und die große Scheune, die ein gutes Theil weiter zurück nach Osten stand. Zwischen der Scheune und den Stallungen lag ein bedeutender Küchengarten und ein Feld mit noch unreifen Erbsen. Ueberall waren kleine Baumgruppen verstreut und ein langes niedriges Weidengebüsch, durch welches ein kleiner Bach lief, welcher der Himmel weiß wo seinen Ursprung hatte, und sich an dem gleichen Orte endete, bildete eine schmale Linie, die den Anfang des wirklichen Moors bezeichnete. In der Nähe der Stallungen und des Hauses befanden sich mehrere Soldatengruppen und ein paar Männer trieben sich in der Nähe der Scheunen umher, während einige fremd aussehende Diener die Pferde hielten, welche die zwei Damen in der vergangenen Nacht gebracht hatten, und bemüht waren, das beschmutzte Geschirr in eine einigermaßen anständige Verfassung zu bringen.

Dies war das Schauspiel, welches den Augen Lord Dartmoor's begegnete, als er zuerst hinausblickte.

Was ist es, das er jetzt wahrnimmt, was seine Miene sich verändern und seine Augen auf einer niedrigen Stelle des Moors spähen läßt, die etwa eine Viertelmeile entfernt liegt? Ist es die schmale schimmernde Linie, die wie eine auf seinen Standpunkt zu kriechende Schlange aussieht, während jene kleine Reihe von menschlichen Köpfen in Stahlhauben zur Linken ihm entgegen zu kommen scheint?

Er besinnt sich, um zu zählen und zu berechnen. Es sind ihrer nicht Viele. Höchstens zweihundert Mann. Aber hinter jener Weidenlinie schimmern Harnische und Büffelwämser, die schnell im scharfen Trabe herankommen.

Es ist keine Zeit zu verlieren. In fünf Minuten werden sie vor dem Wirthshause sein. Aber fünf Minuten in der Liebe oder im Kriege sind Alles.

Ende des ersten Bandes.

Druck von Ernst Stürke (Firma: C. Schumann) in Schneeberg.

Ferner:

Gore, Mrs., die Lehren eines Lebens. Aus dem Engl. 3 Bde. 8. geh. 1858. 1 Thlr. 15 Ngr.

Harland, M.; Moss side. 4 Bde. 8. geh. 1858. 2 Thlr.

Herbst, Paula, die Speculanten. 2 Bde. 8. geh. 1858. 2 Thlr.

Jones, J. B., der Kriegspfad. 4 Bde. 8. geh. 1858. 2 Thlr.

Köhler, Ludw., Geschichten aus aller Welt. 3 Bde. 8. geh. 1858. 4 Thlr.

Luther, G. A., Geschichten aus dem jetzigen Volksleben. I.—IV. Band. Schillerformat. 2 Thlr. 10 Ngr.

Mastriani, Fr., Friedrich Lennois. (Fortsetzung von: „Mein Leichnam.") 5 Theile in 2 Bänden. 8. geh. 1858. 2 Thlr.

Morier, Ch., Photo, der Suliot. 4 Bde. geh. 1858. 2 Thlr. 20 Ngr.

Oliphant, Mrs., die Athelings, oder: die drei Gaben. 4 Bde. 8. geh. 1858. 2 Thlr. 20 Ngr.

— — Zaide. 4 Bde. 8. geh. 1858. 2 Thlr. 20 Ngr.

Reid, Capt. Mayne, die Kriegsfährte. 4 Bde. 8. geh. 1858. 2 Thlr.

Robert, Clemence, die Heirath aus Haß. Aus dem Französ. 8. geh. 1859. 20 Ngr.

(**Sedgwick**, Miß), Verheirathet, oder ledig? 5 Bde. 8. geh. 1858. 2 Thlr. 15 Ngr.

Simms, G. W., die Grenzjagd. 5 Bde. 8. geh. 1858. 2 Thlr. 15 Ngr.

Tautphoeus, Quitt. 4 Bde. 8. geh. 1858. 2 Thlr. 20 Ngr.

Thompson, D. P., Gaut Gurley, oder die Trapper von Umbagog. 4 Bde. 8. geh. 2 Thlr.

www.ingramcontent.com/pod-product-compliance
Lightning Source LLC
Chambersburg PA
CBHW020827230426
43666CB00007B/1137

9783741158902